kidz4kids 3.0

Kurzgeschichten und Gedichte junger
Schreibtalente zwischen 11 und 19 Jahren
für Jugendliche und junggebliebene Erwachsene

Anuschka
Weyand
Buchverlag

Impressum

© 2016 Copyright bei Anuschka Weyand
Anuschka Weyand Buchverlag
Im Forst 19, 56191 Weitersburg
www.anuschka-weyand-buchverlag.de
Alle Rechte vorbehalten
Herausgeber: kidz4kids e.V., www. kidz4kids.de

Gestaltung und Satz: Andrea Petry, www.pp-grafikdesign.de
Collage Cover unter der Verwendung des Bildes: Liliia Rudchenko – Fotolia.com
Hintergründe Steckbriefe und Collagen (Überschriften) unter
Verwendung der Bilder: portokalis – Fotolia.com (S. 67),
Robert Kneschke – Fotolia.com (S. 99), cmfotoworks – Fotolia.com (S. 123),
Sergii Moscaliuk – Fotolia.com (S. 125), mirpic – Fotolia.com (S. 181),
Fotoschlick – Fotolia.com (S. 181), Popova Olga – Fotolia.com (S. 219)
Portraitbilder Autoren: privat
Überschriften teilweise unter Verwendung originaler Handschriften der Autoren
Nicht gekennzeichnete Fotos und Illustrationen: Andrea Petry
Lektorat: Pia Brocker
Druck: Print und Design, Koblenz, www.print-koblenz.de

ISBN: 978-3-9814244-8-5
1. Auflage

kidz4kids 3.0

Unsere Autoren:

Milena Reinecke
Franziska Zoller
Lea Cosima Flemming
Lionel Krüger
Miriam Achtzehnter
Leonie Alt
T. K. Alice
Erik Dittert
Sabine Winkler
Felix Hartmann
Laura Mazllami
Marie-Christine Fink
Lisa Krubeck
Robin Schneegans
Rahel Handschuh
Inga Melina Schulze
Magdalena Wejwer
Jim Raphael Grolle
Marie-Celestine Cronhardt-Lück-Giessen
Lara-Sophie Cronhardt-Lück-Giessen
Ariane Marena Klar
Franca Drewe
Elena Wisbauer
Markus Grain
Sally
Linda Iris Brand
Matteo Loacker alias Skeletton Green
Sophie Heinig
Yifei Yu
Lena Wachtendorf
Johanna Luise Frommelt
Leonie Pnischak
Svea Marit Hutzel
Mia Jäger
Miriam Horsch
Johanna Theobald
Rosalie Maria Hartmann
Katharina Hopp
Miriam Pampel
Mareike
Teresa Wenz
Prof. Dr. Joachim Hofmann-Göttig

Inhaltsverzeichnis

Wir bedanken uns herzlich bei allen jungen Autorinnen und Autoren für die zahlreichen kreativen Beiträge, die uns sehr beeindruckt haben. Die Reihenfolge der Texte ist ohne Sortierung erfolgt und stellt keinerlei Wertung dar.

Vorwort Oberbürgermeister Hofmann-Göttig	08
Vorwort Anuschka Weyand	11
Auf nach Bendorf | Milena Reinecke	13
Die Legende vom Blumenmädchen | Franziska Zoller	17
Bibliophilie | Lea Cosima Flemming	25
Fernweh – Heimweh | Lionel Krüger	31
Anders | Miriam Achtzehnter	33
Zeitreise mit Baron | Leonie Alt	37
Your Name | T. K. Alice	43
Perception | T. K. Alice	44
Ray of hope | T. K. Alice	45
Die unentdeckte Welt | Erik Dittert	47
Das Haus des Tempels | Sabine Winkler	55
Weißt Du, wie es sich anfühlt, wenn Liebe nicht erwidert wird | Felix Hartmann	67
Der Albtraum | Laura Mazllami	71
Leben auf Zeit | Marie-Christine Fink	75
Lebensweisheiten | Lisa Krubeck	83
Die Rache der Silberwölfe | Robin Schneegans	87
Leerer Raum | Rahel Handschuh	95
Der Fluss ohne Sorgen | Inga Melina Schulze	99
10 Sekunden | Magdalena Wejwer	105
Tims Immunsystem | Jim Raphael Grolle	109
Ich lächle | Marie-Celestine Cronhardt-Lück-Giessen	115
Honigsüß | Marie-Celestine Cronhardt-Lück-Giessen	118
Alles was blieb | Lara-Sophie Cronhardt-Lück-Giessen	123

Weißt du noch | Lara-Sophie Cronhardt-Lück-Giessen	125
Die Geschichte der Nordlichter | Ariane Marena Klar	129
Water | Franca Drewe	133
Schmerzen schreibt das Leben | Elena Wisbauer	137
Falscher Verdacht | Markus Grain	141
Dunkler Schatten | Sally	147
Lass dein Bauchgefühl bestimmen, es wird schon recht haben | Linda Iris Brand	149
Gib nie auf | Matteo Loacker alias Skeletton Green	157
Er hatte keine Kraft mehr | Sophie Heinig	159
Von A bis Z – Veränderung im Leben | Yifei Yu	165
Bewegungsunfähig? | Lena Wachtendorf	167
Grüne Flecken | Johanna Luise Frommelt	171
Puppenfluch |Leonie Pnischak	177
Picknick mit Erle | Svea Marit Hutzel	181
1938 | Mia Jäger	185
Flucht | Miriam Horsch	189
Menschenmassen | Johanna Theobald	193
Njokis Abenteuer | Rosalie Maria Hartmann	195
Staub der Zeit | Katharina Hopp	203
In einer anderen Welt | Miriam Pampel	207
Freiheit muss man mit Blut bezahlen | Mareike	219
Gewitter | Mareike	221
Wegschauen gilt nicht | Teresa Wenz	223
Kommissar X – Der Schatz im Keller | Prof. Dr. Joachim Hofmann-Göttig	231

Erste Schritte eines Vielschreibers mit 11/12 Jahren

Oberbürgermeister der Stadt Koblenz, Prof. Dr. Joachim Hofmann-Göttig

Ich lese und schreibe viel. Immer noch, auch als Oberbürgermeister der Stadt Koblenz. Ein Amt, in dem man natürlich auch viel lesen und schreiben lässt. Schmökern macht Spaß. Einen Text selber zu verfassen auch. So habe ich mittlerweile fünf wissenschaftliche Bücher geschrieben und ungezählt viele kurze Texte. Noch heute beantworte ich täglich rund 100 Mails, Gästebucheinträge auf meiner Homepage, verfasse Wochenberichte und andere Reports, schreibe Kolumnen und vieles andere mehr. Ich mache das gern.

Wie das wohl angefangen hat? Mit elf oder mit zwölf Jahren. Genau weiß ich es nicht. Meine Erstveröffentlichung datiert aus dem Jahre 1963. Tag und Monat ist nicht fest gehalten. Da ich am 30. August 1951 geboren wurde, weiß ich also nicht, ob ich bei meiner "Jungfernschrift" noch elf oder schon zwölf war. Ist aber auch egal. Ich weiß aber noch genau, wie es dazu gekommen ist. Ein frecher Junge war ich, schon damals. Wäre ich in Koblenz geboren, dann wäre ich ein typischer Schängel. Geärgert hatte ich meinen Deutschlehrer, wieder einmal. Er brummte mir eine Strafe auf. "Bis übermorgen schreibst Du mir fünf Seiten zu einem Thema Deiner Wahl auf!", verdonnerte er mich zu einer Strafarbeit. Ich war in dem Alter, in dem man gerne Comics las und sogenannte Groschenhefte. Meine Lieblingshefte handelten vom amerikanischen Privatdetektiv "Kommissar X", so eine Art Jerry Cotton, nur eben nicht beim FBI. Ich setzte mich an eine Schreibmaschine und schrieb eine Kurzgeschichte "**Kommissar X - Der Schatz im Keller**". Die Geschichte floss mir regelrecht aus den Fingern. Mein Vater korrigierte mir mein Manuskript (ich besitze noch das Original) auf Rechtschreibfehler durch. Mehr machte er nicht, zumal er meine Groschenhefte verabscheute. "Schmutz- und Schundliteratur", nannte er die, was meine Lust auf sie keineswegs schmälerte.

Es wurden viel mehr als die verordneten fünf Seiten, so etwa das Doppelte. Da bekam ich plötzlich eine Idee. Wir hatten seinerzeit Zuhause einen kleinen Drucker mit dem man auf Matrizen geschriebene Texte auf Papier mittels einer Walze mit Kurbel abziehen konnte. Ich schrieb meinen Text ab auf Matrize und nudelte 100 Exemplare durch diesen vorsintflutlichen Drucker. Dieses Hektogramm wurde geheftet. Am nächsten Tag brachte ich die 100 gehefteten Exemplare meiner "Erstveröffentlichung" mit in die Schule und verhökerte tatsächlich fast die gesamte Auflage an Schulkameraden in den Pausen für 20 Pfennig pro Stück.

In der letzten Unterrichtsstunde des Tages stand die Abgabe meiner Strafarbeit an. Der Lehrer forderte sie ein. Ich nahm eines meiner letzten noch nicht verkauften Exemplare und drückte es dem Lehrer in die Hand mit einem "Dankeschön". Er schaute mich verblüfft an. Einerseits weil er sofort merkte, dass ich da deutlich mehr als die verlangten fünf Seiten verfasst hatte. Andererseits weil er nicht verstehen konnte, wieso ich mich für eine Strafarbeit bedankte. Ich zeigte ihm daraufhin meine frische Barkasse her, mit meinen fast 20 Deutschen Mark und erklärte ihm, dass er mich auf die Idee gebracht hatte, einen Kurzkrimi zu schreiben, ihn abzuziehen und fast 100-mal zu verkaufen, was mich zu der vorzeigbaren Barkasse führte.

Ich weiß, dass die Geschichte meinen Lehrer durchaus beeindruckt hat. Ich war stolz auf mein "Erstlingswerk" und natürlich auch auf mein erstes selbst verdientes Geld. Für die vorliegende Veröffentlichung habe ich meine Originalstrafarbeit wieder gefunden und neu abschreiben lassen. Aber nicht korrigiert, weder sprachlich noch inhaltlich. Der folgende Text "Kommissar X – Der Schatz im Keller" ist mein Text, wie er war, unverändert, des 11/12-Jährigen Schlingels, der damals noch Joachim Hofmann hieß. (Text s. Seite 231)

Viel Spaß beim Lesen wünscht

Prof. Dr. Joachim Hofmann-Göttig

Unsere Vorsitzende von kidz4kids, Anuschka Weyand, fotografiert von Ingo Hilger Fotografie

Liebe Leserinnen, liebe Leser,

wir sind nun in unserem dritten Jahr angelangt und haben mit diesem 3.0 bereits das vierte Buch verlegt! Ein fünftes befindet sich – sozusagen – in den Startlöchern und wird ebenfalls in wenigen Wochen auf dem Buchmarkt zu haben sein. Mittlerweile erreichen uns Texte aus dem gesamten Bundesgebiet, aus der Schweiz und aus Österreich. Allein für dieses 3.0 hatten wir über 180 Text-Einsendungen! Wir kamen mit dem Lesen kaum nach und mussten leider auch vielen Kids eine abschlägige Antwort zukommen lassen. Das tut uns immer ganz besonders leid, denn alle Geschichten und Erzählungen sind spannend, lesenswert, interessant und kreativ. Aber ein solch "dickes" Buch mit so vielen Texten bekommen wir natürlich nicht hin.

Wir freuen uns, dass das Projekt kidz4kids so gut angenommen worden ist, wir weiterhin viele Kinder und Jugendliche zum Schreiben motivieren können, wir in verschiedene Stiftungen aufgenommen worden sind, großzügige Geldspender gewinnen konnten – und nicht zuletzt auch in diesem Jahr wieder Preise verliehen bekommen haben. Das alles macht uns sehr glücklich und spornt uns zu weiteren Ideen und Inspirationen an!

Herzlichen Dank möchte ich – wie immer – unserer Grafikerin Andrea Petry sagen, Cover und Layout all unserer Bücher sind immer außergewöhnlich und unverwechselbar! Ganz lieben Dank auch an Marianne und Pia für Eure wundervolle Unterstützung und Hilfe! Aber alles wäre nichts ohne unsere bemerkenswerten jungen Autorinnen und Autoren ... Ihr seid großartig!

Und nun viel Freude beim Lesen wünscht Euch Euer Team von kidz4kids.

Anuschka Weyand   Andrea Petry   Gertrud M. Petry

Steckbrief
MILENA REINECKE

»Auf nach Bendorf«
Altersempfehlung ab 10 Jahren

Wohnhaft in Deutschland/Berlin

Geburtsjahr 2001

Alter beim Schreiben des Textes 14 Jahre

Klassenstufe 10

Hobbys Schreiben, lesen, fotografieren, Klavier spielen

Berufswunsch Lektorin

Die Idee hinter dem Text bei der Bahnfahrt zur Lesung von kidz4kids 2.0

Auf nach Bendorf!

Samstag, der 12. Dezember, 9:48 Uhr, Hauptbahnhof Berlin: Mein Vater und ich tigern ungeduldig auf und ab und warten, dass der Zug einfährt. Nachdem mein Text „Radtour mit Frau Mutter" nämlich vor kurzem in der kidz4kids-Anthologie veröffentlicht worden ist, bin ich dieses Wochenende zur Lesung im sogenannten Bendorfer Buchladen in Bendorf eingeladen.

Und so machen sich – zwar nicht Frau Mutter und ich – aber Herr Vater und ich tatsächlich am dritten Adventswochenende auf die weite Reise aus dem entfernten Berlin nach Bendorf, einem kleinen Kaff in Rheinland-Pfalz in der Nähe von Engers, Königswinter, Niederdollendorf und Unkel.

Ich bin nervös.

Das liegt allerdings nicht an der Lesung – jedenfalls noch nicht – sondern eher an der Tatsache, dass ich aus Erfahrung weiß, dass mein Vater Pech sowie vor allem bekloppte Wesen aller Art geradezu magnetisch anzieht. So steigen wir, als der Zug dann endlich kommt, absichtlich in den falschen der beiden Zugteile (der Zug wird in Hamm geteilt), in der Hoffnung, der mit einer Bahnfahrt unfehlbar einhergehenden umgekehrten Wagenreihung zuvorzukommen. Der Plan geht tatsächlich auf: Wir sitzen im falschen Wagen Richtung Düsseldorf, aber fahren nach Köln, denn da müssen wir erst mal hin.

Zehn Minuten nachdem wir losgefahren sind, tapert eine von meinem Vater und mir erst kopfschüttelnd als Kölner Karnevalvolk identifizierte singende Horde noch immer auf der Suche nach Plätzen durch den Zug und beschließt letztlich, sich genau um uns herum zu platzieren. Recht bald stellt sich heraus, dass es sich doch nicht um das berühmte Kölner Karnevalvolk handelt, sondern um das gesamte Team von „Berlin – Tag & Nacht", das heute zum großen Weihnachtssaufen unterwegs nach Köln ist. Um halb elf wird Alkohol rausgeholt, um Viertel vor elf zur erneuten Stimmungssteigerung laut Musik angemacht: spanische Diskomusik, mehrsprachiger Rap, Udo Jürgens, sektenartige Gesänge, klassische Bumsmusik und All I Want For Christmas – und das alles gleichzeitig.

Unpraktischerweise haben sich alle Mitglieder dieses geisteskranken Feiertrupps wie schon erwähnt im ganzen Waggon verteilt (um uns hinterlistig einzukesseln) und so beginnt bald die rege Migration halbnackter, volltätowierter Mannsweiber mit knallroten Monstertitten und muskelbepackter Asoziale mit den weltfremdesten Frisuren von der einen Ausschänke am einen Ende des Waggons zur anderen am anderen Ende. Mit einer beinahe schon bewundernswerten Zielgenauigkeit gelingt es ihnen jedes Mal, dabei irgendjemanden anzurempeln, anzurülpsen oder irgendetwas umzuschmeißen. Zum Beispiel Kaffee. Auf die Tasche meines Vaters.

Ich höre Rammstein und Zaz. Ab und zu schnappe ich verstörende Gesprächsfetzen auf; es folgt eine Liste mitgeschriebener Originalzitate:

„Du trinkst den pur?"

„Da kommt das Frühstück wieder hoch!"

„Wenn du davon 20 Stück trinkst, kriegst du richtig Kopfschmerzen!"

„Ich bin gerade spritzig."

„Schakalaka bumm."

„Das ist nicht meine Hand!"

„Allein der Gedanke, dass er ihn in den Schwanz gebissen hat …"

Irgendwann sind die Herrschaften bei rassistischen Witzen angelangt, Schlagworte wie „Afghanistan", „Chinese", „Kannibale", „Islamischer Staat" und „Führer" sorgen für lautes Gelächter.

Herr Vater postet alle zwei Minuten Updates auf Facebook, die er selbst mit Beweisfotos kommentiert.

Als wir nach sechs Stunden Fahrt endlich irgendwann das Hotel „friends" erreichen, wird uns gegen unseren Wunsch das sogenannte „Starwars-Zimmer" zugeteilt: Spezielle Lichtinstallationen wie Weltraumanimationen an der Raumdecke, leuchtende, kosmisch anmutende Tische, beängstigende Plasmalampen sowie sehr gewöhnungsbedürftige Starwars-Kuscheltiere sollen für das unvergleichliche Schlaferlebnis sorgen. Das einzige unvergleichliche Schlaferlebnis wird allerdings diese Nacht das Schnarchen meines Vaters sein.

Am späten Nachmittag durchwandern Herr Vater und ich auf der Suche nach dem Bendorfer Buchladen ganz Bendorf, am Ende finden wir den Weg dank einer hilfsbereiten Kaufland-Kassiererin.

Die Lesung verläuft, trotz zwischenzeitlicher Anfälle dann doch sehr starker Nervosität, mehr oder weniger reibungslos. Als wir um halb neun wieder im Hotel ankommen, haben wir Hunger, doch es gibt nichts. Wir werden zur einzigen Gaststätte Bendorfs gewiesen, dem sogenannten „Brauhaus", wo wir knapp anderthalb Stunden auf zwei halbgare Pizzen warten dürfen.

Am nächsten Morgen müssen wir dann auch schon wieder um halb acht aufstehen, um den frühsten Zug zu erwischen, denn sonst fahren wir wieder mit den verkaterten Laienschauspielern und das wollen wir möglichst vermeiden.

Der Plan geht auf. ««

Steckbrief
FRANZISKA ZOLLER

»Die Legende
vom Blumenmädchen«

Altersempfehlung ab 12 Jahren

Wohnhaft in Deutschland/Niedersachsen

Geburtsjahr 1996

Alter beim Schreiben des Textes 17 Jahre

Hobbys Lesen, malen und zeichnen, häkeln, fotografieren

Berufswunsch Lehrerin

Sonstiges Ich studiere mittlerweile Kunst, Kunstgeschichte, ev. Theologie und Germanistik.

Die Legende vom Blumenmädchen

Sie sah den Blitz, noch ehe er einschlug und sie konnte fühlen, wie sich der dröhnende Donner grollend über das Land erstreckte. Es war eine Nacht des Sturmes, wild und ungezähmt. Estaria schaute in die Nacht hinein – der Wind zerzauste ihr die Haare.

„Eine stürmische Nacht", flüsterte sie leise.

Sie machte einen Schritt aus der Tür hinaus, ihre Füße berührten den kalten, nackten Waldboden. Es fühlte sich gut an, wie sich ihre Zehen in die feuchte Erde gruben und der Wind an ihrer Kleidung zerrte. Es war der Wind, der sich stets veränderte, Gedanken nahm und Gedanken brachte. Auch in dieser Nacht brachte er ihr einen Gedanken und sie mochte ihn nicht. Er setzte sich in ihren Körper, tief hinein in ihre Seele und formte eine Vorahnung, so dunkel wie die Nacht selbst.

Es begann zu regnen. Sie spürte das Wasser auf ihrem zarten Gesicht und schmeckte es auf ihrer Zunge – dunkel und voll. Sie schloss die Augen.

Als Estaria erwachte, sah sie die Blumen – Orchideen und Kirschblüten, die in sanften Rosa- und Rottönen schillerten. Sie streckte ihre Finger nach ihnen aus und berührte sie. Sie waren weich und sanft und warm und sie rochen nach Sommer.

Der Sturm der vergangenen Nacht hatte viele von ihnen zu Boden gewirbelt, sodass der Wald an diesem Morgen leicht und hell aussah. Estaria räkelte sich auf ihrem Ast und lächelte friedvoll vor sich hin. Sie mochte es, an diesem Ort aufzuwachen, doch etwas war anders an diesem Morgen.

In der Ferne konnte sie das Geräusch von Pferdehufen auf dem Waldboden wahrnehmen. Es wunderte sie – in diesen Teil des Waldes kamen selten Besucher, er war zu weit von jeglichen Dörfern und Städten entfernt.

Estaria fürchtete die Menschen nicht, dazu hatte sie keinen Grund. Sie wusste, dass die Menschen sich Geschichten über sie erzählten, abends am Lagerfeuer, sie hatte die Geschichten gehört. Manchmal war sie die Gute in diesen Geschichten, die Heldin, aber manchmal war sie das genaue Gegenteil. Sie wusste nicht, woher die Menschen die Fantasie nahmen, über sie Geschichten zu verbreiten, aber sie nahm es hin.

Tief im Wald von Aischylon passierten wundersame Dinge. Estaria entschloss sich zu warten und zu sehen, mit wem sie es zu tun hatte. Sie brauchte nicht lange, um eine gute Tarnung zu entwickeln.

„Mycha", flüsterte sie und ein paar der Blüten setzen sich an ihrem weißen Kleid fest und verfingen sich in ihren langen, blonden Haaren. Ein paar wenige flogen auch auf ihre Arme und blieben dort, als hätte man sie festgeklebt, doch es würde nur eines weiteren Befehls bedürfen, um sie wieder fortzuschicken.

Es dauerte eine Stunde, bis die Pferde in Sichtweite kamen. Es waren die Pferde der königlichen Garde und was Estaria noch mehr erstaunte, vorne, an der Spitze des gesamten Tross, ritt der Prinz höchstpersönlich. Er trug sein Haupt stolz, wie Löwen es zu tun pflegten. Sein Haar war golden wie die Sonne selbst und seine Augen so grün wie der morgendliche Wald.

Estaria sehnte sich nach Abwechslung. Es bedurfte nur eines federnden Schrittes und sie fiel aus der Baumkrone hinab und landete in festem Stand auf dem Boden. Ihre Balance war perfekt. Sie hatte sie langsam erlernt und sich an den Eichhörnchen orientiert, die flink von Baum zu Baum sprangen.

Das Pferd des Prinzen scheute, als sie so plötzlich aus dem Nichts erschien.

„Ehan", hauchte Estaria und das Pferd wurde ruhig.

Der Prinz musterte sie verwirrt und sofort waren seine Wachen zur Stelle, um ihren Herrn zu schützen. Als sie Estaria sahen, da waren sie verwirrt.

„Wer bist du?", fragte der Prinz, nach einer Minute der Stille.

„Ihr kennt mich, Herr", sagte sie, „Geschichten erzählt man sich über mich. Ich bin das Kind dieses Waldes, der Geist der Natur. Ich bin rein wie der Mond und strahlend wie die Sonne, die man getrost meine Eltern nennen könnte, wäre da nicht Mutter Erde. Und ich selbst bin Mutter all dieser Blumen, die ihr hier seht. Sind sie nicht prachtvoll?"

Der Prinz wusste nicht, was er darauf antworten sollte.

„Sagt mir euren Namen", befahl er.

Estaria gefiel nicht, wie er dachte, dass er über sie herrschen konnte, aber sie nahm es hin.

„Mein Name ist machtvoll, aber ich werde ihn euch verraten. Estaria, so heiße ich. Aber ihr kennt mich sicherlich als das Blumenmädchen."

Als sie es aussprach, da wurden die Wachen des Prinzen sehr still. Estaria konnte sehen, wie sie sich an die Geschichten erinnerten, die man über sie erzählte.

„Habt keine Angst", sprach sie. „Ich habe nicht vor, euch etwas anzutun. Meine Seele ist friedlich wie ein See, der nicht berührt wurde. Ruhig bin ich in meinem Herzen. Mir sehnt es nach Gesellschaft."

Der Prinz schien abzuwägen, was er für Möglichkeiten hatte. Er hatte Geschichten über das Blumenmädchen gehört, gute und schlechte, doch sie erschien ihm nicht sonderlich mächtig, wie sie in ihrem zerschlissenen, weißen Kleid vor ihm stand, mit nackten Füßen und ellenlangen Haaren, in denen Blumen und Blätter hingen. Er gab seinen Wachen einen Befehl und diese zögerten nicht. Flink schwangen sie sich von ihren Pferden und ergriffen Estaria. Sie hätte sich wehren können, der Wald gehorchte ihr, aber sie war zu schockiert, um die Situation vollends zu begreifen.

Man sperrte sie in einen Käfig und verschloss die Tür mit einem Schloss aus Eisen. Man erzählte sich, dass unmenschliche Wesen wie Estaria nicht in der Lage waren, sich gegen Eisen zu wehren.

Der Prinz aber stieg von seinem Schimmel herunter und trat zu Estaria heran, so nah, dass, hätte sie die Hand durch die Gitterstäbe gesteckt, sie ihn hätte berühren können.

„Das Blumenmädchen scheint nicht in der Lage zu sein, sich wehren zu können. Eine interessante Geschichte werde ich erzählen können, zurück in Tallero."

„Was habt ihr vor?", fragte Estaria mit ruhiger Stimme – in ihrem Innern aber tobte der Sturm, der vergangene Nacht durch den Wald gefegt war.

„Ich werde dich meinem Vater und meiner Mutter vorführen, meinem Bruder und meiner Schwester. Sie und das Volk sollen entscheiden, was wir mit dir machen."

Drei Tage und drei Nächte dauerte die Reise nach Tallero, am östlichen Meer. Drei Tage und drei Nächte, in denen Estaria nicht schlief und dem Hohn und dem Spott der königlichen Garde und allen voran dem Prinzen selbst ausgesetzt war. Sie hielt an sich und sammelte ihre Stärke in ihrem Herzen und ihre Wut in ihrem Bauch. Sie würde sie noch brauchen können.

Tallero war eine große Stadt und überall waren Menschen. Sie drückten sich an die eiserne Bestrebung des Käfigs und starrten sie an. Sie wurde zu den Palastgebäuden in Tallero gebracht und ohne Umschweife dem König, der Königin und dem königlichen Geschwisterpaar vorgeführt. Man hielt sie an Eisenketten, so wie man ein wildes Tier halten würde, vor dem man Angst hatte, dass es ausbrechen könne.

„Ich habe euch das Blumenmädchen gebracht, mein lieber Vater. Sie ist es tatsächlich und wahrhaftig und wirklich. Ihr sollt entscheiden, was mit ihr geschehen soll."

Der König trat vor und musterte Estaria, als wäre sie ein Vieh und er würde überlegen, wie viel sie wohl wert war und in der Tat ließen seine Worte auf genau diesen Gedanken schließen.

„Ihr wollt mich verkaufen?", fragte sie.

„Wir werden sehen. Warum nicht. Ein zartes Gesicht, langes Haar... nun, sicherlich müsste man dich erst einmal ein wenig aufbereiten."

„Sie wird so viel mehr erzielen", sagte die Prinzessin und trat zu ihrem Vater heran.

„Das Blumenmädchen, über das man sich Geschichten erzählt. Und seht doch nur die Blumen in ihrem Haar und an ihren Armen!"

„Wird man sie nicht für einen Dämon halten?", fragte der jüngere Prinz, der seinem Bruder sehr ähnlich sah.

„Und wenn schon. Ob Dämon oder nicht, sie ist eine Rarität und man wird viel, sehr viel sogar, für sie bezahlen. Eine Nacht mit dem Blumenmädchen ...", sagte der König.

Die Königin musterte Estaria mit Sorge in ihrem Blick.

„Aber sie ist doch noch ein Kind", sagte sie, „und wenn sie wirklich das Blumenmädchen ist, dann solltet ihr sie freilassen. Sie ist die Seele der Wälder Aischylon's. Wenn ihr etwas geschieht, was soll denn dann aus unserem Volk werden?"

„Schweig Weib! Du verstehst nichts davon!"

Der König wandte sich ihr erneut zu.

„Ich werde dich verkaufen, hübsches Kind. Einen guten Preis wirst du mir erzielen."

„Ist das euer letztes Wort?", fragte Estaria.

„Sicherlich. Ihr scheint mir zwar nicht wirklich das Blumenmädchen zu sein, aber was soll's. Das Blumenmädchen hätte sich schon längst aus unseren Fängen befreit. Vielleicht helfen Eisenketten doch etwas."

Estaria schloss ihre Augen.

„Ruach te hakem. Jala te kehtem. Eh vinco the chanta."

„Was sagst du?", fragte der König.

Estaria blieb stumm. Der König machte einen Schritt auf sie zu, wurde jedoch von einem heftigen Windstoß gegen die Wand geschleudert, noch ehe er sich ihr nähern konnte. Mit einem hässlichen Knacken brachen all seine Knochen.

Ranken schossen aus dem Boden und ergriffen die königliche Familie, alle, bis auf die Königin.

Estaria ließ den Sturm walten, der sich in ihrer Seele und ihrem Bauch gesammelt hatte. Stunden stand der Palast in Tallero unter der Macht Estaria's. Es dauerte lange, bis die Ruhe ihres Herzens siegte und sie den Sturm verklingen ließ.

Sie schloss die Augen.

„Mycha", flüsterte sie.

Als sie die Augen öffnete, war der ganze Palast von Kirschblüten besetzt. Die Königin stand stockSteif vor Angst in den zarten Blumen und weinte um ihre Kinder und um ihren Mann. Estaria schritt durch die Blumen zu ihr heran.

„Fürchtet euch nicht länger Königin – ihr seid reinen Herzens und nur ihr habt das Recht zu herrschen und Macht zu haben. Ich bin Estaria – vergesst das nie. Ich bin die Seele eures Waldes und die Tochter der Mutter Erde. Ich bin eine Kriegertochter. In meinen Adern fließt das heilige Blut des Lebens und wer mir schaden will, der schadet sich selbst. Wer aber reinen Gewissens zu mir tritt, den werde ich umsorgen."

Die Königin blinzelte sie durch ihre Tränen an, doch Estaria wusste, dass sie verstand. Sie konnte es in ihren Augen lesen, als hätte sie es klar und deutlich ausgesprochen.

„Verlasst Tallero, dies ist ein Ort des Dunkeln und des Bösen. Geht nach Süden und baut euch eine neue Stadt, die Aischylon-City heißen soll. Aus ihr werden große Geister hervorgehen. Ihr habt die Macht, meine Königin. Und wenn ihr sterben werdet, dann werdet ihr zu mir kommen und Teil des Waldes sein, denn es steht in meiner Macht, über Tod und Leben zu befehlen. Vergesst das nicht."

Und Estaria trat zur Königin heran, nahm eine Träne auf ihren Finger und ließ sie in den Himmel steigen, wo ein Stern entstand, noch leuchtender und heller als alle anderen sonst.

„Dieser Stern wird euren Namen tragen, Myana soll man ihn nennen. Er wird dafür sorgen, dass den Gerechten nie etwas Schlimmes widerfahren wird."

Und als die Königin das nächste Mal blinzelte, da war Estaria fort und mit ihr die Blumen, die noch eben den Palast wie eine weiche Decke überzogen hatten. «

»Bibliophilie«
Altersempfehlung
ab 10 Jahren

Steckbrief
LEA COSIMA FLEMMING

Wohnhaft in
Deutschland/Sachsen

**Alter beim Schreiben
des Textes** 12 Jahre

Hobbys Gesang, Cello spielen,
reiten, Animes und Mangas

Berufswunsch Lehrerin

Wie es zu diesem Text kam
Durch einen Geschichtenwettbewerb

Bibliophilie

Nachdem der Mond aufgegangen war, ließ er seinen noch müden Blick durch die Straßen einer kleinen Stadt schweifen. Er sah Menschen in ihren Häusern verschwinden, noch vereinzelte Autos vom Parkplatz eines Einkaufsmarktes fahren und ein kleines Mädchen, welches gerade die Kinderbibliothek verließ.

Doch da stutzte er und blieb stehen:

„Nanu, in der Bücherei ist ja noch ein schwaches Licht zu sehen. Das schaue ich mir mal genauer an." Er musste seinen Blick ganz tief senken, um durch die Fenster vom Erdgeschoss blicken zu können, aber er konnte alles genau erkennen. Die alte Leseratte Elinor saß noch hinter ihrem großen Schreibtisch und blätterte in irgendwelchen Unterlagen.

„Sehr merkwürdig", dachte der Mond. „Sonst um diese Zeit ist die Dame der Bücher doch schon in ihrem Loch verschwunden." Ihr gegenüber hatten drei Bücherwürmer auf einem Regal Platz genommen.

„So, ihr drei habt also auf meine Stellenanzeige reagiert. Ich brauche wirklich dringend Hilfe. Gestern war wieder eine Horde von Buchstabenverschlingern hier. Aber kein Einziger lieh sich einen alten Kinderbuchklassiker aus. Ganz verstaubt sind diese Bücher schon, weil sie seit Jahren unberührt in den Regalen stehen. Ihre kleinen Helden schlummern zwischen den Seiten. Heutzutage muss es immer etwas Ausgefallenes sein. Neumodischer Kram wie Knöpfe zum Abspielen einer nervtötenden Melodie, Bilder hinter kleinen Pappklappen oder Bücher mit Glitzersteinchen auf dem Hochglanzeinband sind gefragt. Jetzt habe ich genug gejammert. Wie sind denn eure Namen?"

„Wir sind Geschwister. Wir heißen Bib, Lio und Philie." Die Augen der Ratte strahlten. Ihr Kummer schien vergessen.

„Bib-lio-philie! Die Liebe zu Büchern verbindet uns also. Lange Rede – kurzer Sinn. Ihr Jungs, Bib und Lio, eure Aufgabe ist es, die alten Kinderbücher den kleinen Buchstabenverschlingern schmackhaft zu machen. Philie, du bist sicher ein ordentliches Mädchen. Darum kannst du mir beim Sortieren der Bücher helfen. Jetzt nutzt die Zeit und seht euch ein wenig um. Ich rufe euch nach einem Kapitel."

Alle drei flitzten los und verschafften sich einen Überblick. Philie huschte zu den Märchenbüchern, während Bib und Lio im hintersten Teil der Bibliothek verschwanden.

„Bib, schau mal, was ich entdeckt habe. Was ist das denn für ein interessantes Wesen? Hier steht: ‚Di-no-sauer'."

„Nein, Lio, das heißt ‚Di-no-sau-ri-er'." Lio hatte eine Lese-Rechtschreib-Schwäche und das als Mitglied einer Bücherwurmfamilie! Egal, manchmal war es sehr lustig, was er da so las. Die beiden Brüder schauten sich an und hatten die gleiche Idee. Von der Neugier gepackt öffneten sie gemeinsam das Buch. Sie blickten in zwei große Augen. Der Dinokopf, zu dem das Augenpaar gehörte, kam langsam aus der Buchseite heraus, direkt auf Bib und Lio zu. Vor lauter Schreck fiel das Buch zu Boden. Das hörte die Leseratte und fragte:

„Was ist denn da hinten los?"

„N-Nichts. Uns ist nur ein B-Buch runtergefallen. Wir stellen es gleich zurück", stammelte Bib mühsam.

„Dann ist ja alles in Ordnung. Kommt dann bitte alle drei zu mir."

Schnell brachten die Jungs das Buch an seinen Platz. Sie gingen zu Philie und berichteten ihr von dem aufregenden Ereignis. Philie nickte und meinte:

„Genau das ist Mama auch schon einmal passiert. Sie hat mit Oma darüber gesprochen. Ich habe leider nur die Hälfte verstanden. Noch am gleichen Tag hat uns Mama verboten, Bücher aufzuschlagen. Darum dürfen wir uns nur noch durch Bücher fressen."

„Aber ist das nicht toll, dass wir so wurmtastische Fähigkeiten besitzen?!", entgegnete Lio. „Wir müssen unbedingt ausprobieren, diese Gabe auch sinnvoll zu nutzen. Damit könnten wir die alten Kinderbuchfiguren zu neuem Leben erwecken."

Bib drängelte die beiden: „Die Leseratte hat uns zu sich gerufen, nun kommt schon!"

Elinor musterte die drei. „Euch kann ich sicher vertrauen. Ich bin reif für die Südsee und möchte mich gern für vier Romanlängen in den Urlaub lesen. Ihr seid meine Vertretung. Kommt bitte morgen Abend pünktlich. Bringt nichts durcheinander und denkt an eure Aufgaben!" Die Dame der Bücher legte ihr Schlüsselbund auf den Schreibtisch und verschwand in ihrem Loch, die Bücherwürmer knabberten sich jeder eine Schlafhöhle in einen dicken Wälzer.

Am nächsten Abend weckte Bib seine Geschwister.

„Jetzt steht endlich auf", sagt Bib, „wir müssen unsere Aufgaben erledigen."

Lio meinte: „Lasst uns die Kinderbuchklassiker aufgeschlagen ins Regal stellen. So können aufmerksame Buchstabenverschlinger die Bilder sehen und sich gleichzeitig mit den Figuren unterhalten."

Eifrig gingen sie ans Werk. Eine Figur nach der anderen kam aus ihrem aufgeschlagenen Buch heraus. Bald herrschte in der Bücherei ein buntes Treiben: Kalle Blomquist beriet mit Emil und seiner Bande über einen spannenden Fall. Alfons Zitterbacke und Bruno bauten nicht weiter an ihrem Haustelefon, sondern flirteten mit Hanni und Nanni. E.T. freundete sich mit Momos Schildkröte an. Die Bücherwürmer turnten durch die Regale. Alle drei hatten ihren Spaß dabei, bis Bib übermütig wurde und prahlte: „Ich springe jetzt über den Drehturm mit den Pferdebüchern."

„Das will ich sehen!", fordert Lio ihn heraus.

„Lass den Quatsch, Bib", versuchte Philie ihn davon abzuhalten. Aber zu spät. Bib hatte bereits zum Sprung angesetzt und flog durch die Luft. Seine Flugbahn endete nicht wie geplant auf dem nächsten Regal, sondern auf dem

Drehturm. Dieser hielt der schwungvollen Landung nicht stand und kippte um. Unzählige Bücher landeten auf dem Boden. Alle erstarrten. Sie mussten zusehen, wie dutzende Pferde ihre Bücher verließen. Von einem Wort zum anderen herrschte Chaos in der Bibliothek. Der Platz wurde zu knapp.

Philie rief: „Helft alle mit, die Pferde zu bändigen. Tommy und Annika, wo ist Pippi. Sie bekommt die Pferde bestimmt in den Griff."

Annika sagte: „Ist sie denn nicht hier? Vielleicht besucht sie ihren Vater im Taka-Tuka-Land." Drei Wörter später hatten sie den richtigen Band gefunden und aufgeschlagen. Da stand sie mit sonnengebräunter Haut auch schon vor ihnen.

„Was ist denn hier los? Etwa ein Pferderennen zwischen Bücherregalen?", fragte sie.

„Nicht ganz richtig, aber das ist eine prima Idee! Wir brauchen deine Hilfe. Die Pferde sind aus den Büchern hervorgekommen. Kannst du uns helfen, sie zu bändigen?", erklärte Philie.

„Ich helfe euch gern. Hier ist es viel zu eng. Wir müssen die Pferde vor das Haus führen. Dort ist auch genügend Platz für ein Rennen." Pippi konnte die Pferde dazu bewegen, mit zur Tür der Bücherei zu kommen.

„Ich hole schnell den Schlüssel vom Schreibtisch", rief Lio. Doch auf dem Schreibtisch konnte er ihn nicht entdecken.

„Hat jemand den Schlüsselbund gesehen, der hier lag?", fragte er in die Runde. Kopfschütteln war die Antwort, außer bei einem. Meister Eder hatte da so eine Ahnung.

„Pu-mu-ckl???"

„Nicht der schon wieder!", sagte Gulliver, der genug von kleinen Wesen hatte.

Pinocchio meldete sich zu Wort: „Tischlermeister Antonio könnte ein Loch in die Tür zimmern. Dadurch könnten wir alle hinaus ins Freie gelangen." Von der Idee begeistert, stimmte die Menge zu. Als sich alle vorm Haus versammelt hatten, suchten sich die Teilnehmer ihre Pferde aus und gingen an den Start. Findus kam auf Mama Muh angeritten, wurde aber sogleich vom Rennen ausgeschlossen. Schließlich sollte es ein Pferderennen werden. Er suchte Trost bei seinem Freund Pettersson, der wie immer gleich zur Stelle war, wenn Findus Hilfe brauchte. Die Zuschauer gingen zur Rennbahn rund um das Haus.

Pippi gab mit ihrer kräftigen Stimme das Startsignal: „Auf die Pferde – fertig – Galopp!" Die Pferde donnerten los. Aber bereits hinter der ersten Kurve tat sich ein Hindernis auf: Peter und Heidi versuchten, ihre Ziegen einzufangen, die in diesem Moment die Rennstrecke überquerten, um zum saftigen Gras auf der Wiese gegenüber zu gelangen. Die Reiter reagierten sofort und sprangen über die Herde. Die Zuschauer hielten den Atem an. Zum Glück wurde niemand verletzt. Auf der Zielgeraden lag Mississippi in Führung.

Doch es war ein Kopf-an-Kopf-Rennen. Auch die Pferde der Zwillinge Luise und Lotte lagen mit an der Spitze, aber sie konnten Mississippi nicht mehr schlagen. Jim Knopfs Lokomotive tutete feierlich, als Emma auf Mississippi in einer Rekordzeit von nur zwei Absätzen, drei Sätzen, fünf Wörtern und vier Buchstaben die Ziellinie überquerten. Die drei Erstplazierten wurden zur Siegerehrung auf das Podest gebeten. Pippi Langstrumpf band Mississippi den Siegerkranz um und stemmte das Pferd in die Luft. Es gab tosenden Beifall. Genau in dem Moment, als das starke Mädchen Emma den Pokal – ein von Michel geschnitztes Pferd – überreichen wollte, verschwanden alle Pferde. Die Menge erschrak und geriet in Aufruhr.

Da rief Philie: „Es dämmert schon. Kommt alle schnell rein, euch darf keiner sehen!" Die Bibliothek füllte sich wieder mit den müden Kinderbuchfiguren, die eine aufregende Nacht hinter sich hatten. Bib und Lio sahen, dass Philie fleißig gewesen war. Sie hatte die Pferdebücher zurück in den Drehturm gestellt. Dadurch waren alle Pferde wieder in ihren Büchern verschwunden. Auch die anderen Figuren legten sich auf ihre Buchseiten schlafen. Plötzlich klingelte es an der Tür. Aber die Bücherwürmer schienen das Klingeln gar nicht zu bemerken. Es klingelte weiter und weiter ...

Lina schlug die Augen auf und bemerkte, dass es ihr Wecker war, der da klingelte. „Oh nein, ich komm noch zu spät zur Schule." Sie packte ihre sieben Sachen zusammen und rannte los. Zuerst vorbei an dem Krankenhaus, der Bäckerei und der Apotheke. Sie überquerte schließlich die Straße zur Bibliothek und blieb kurz stehen.

„Schade, dass ich nicht in dieser Nacht hier war. Aber heute Nachmittag hole ich mir ein altes Kinderbuch, am besten ‚Pippi Langstrumpf', dann ‚Heidi' und ‚Pumuckl' und ...", die Glocke vom Kirchturm unterbrach ihre Gedanken und holte sie fürs erste zurück in die Gegenwart. 〞

Steckbrief
LIONEL KRÜGER

»Fernweh – Heimweh«

Altersempfehlung ab 6 Jahren

Wohnhaft in Deutschland/Berlin

Alter beim Schreiben des Textes 9 Jahre

Geburtsjahr 2006

Klassenstufe 4

Hobbys Singen im Chor, Schach, Trompete spielen, Fußball, Basketball, Tischtennis, Briefmarken sammeln

Berufswunsch Naturforscher

FERN-WEH / HEIM-WEH

Stehst du morgens auf der Treppe,
denkst du immer an die Steppe.
Stehst du manchmal vor dem Herd,
denkst du auch noch an ein Pferd.

Fährst du morgens mit dem Auto
an den Strand, bis an das Meer,
siehst du vielleicht sogar die Feuerwehr.

Spürst du dann das Salz vom Meer,
kriegst du richtig großen Durst
und Hunger auf ´ne Currywurst.

Und wenn du die Wurst erst hast,
kommt zu dir vielleicht noch ein Gast.
Was schmatzt denn da auf dem Tisch?
Da isst die Katze gerad` einen Fisch. 《

Steckbrief
MIRIAM ACHTZEHNTER

»Anders«
Altersempfehlung ab 12 Jahren

Alter beim Schreiben des Textes 17 Jahre

Hobbys mich mit einem guten Buch verkrümeln, zeichnen, schreiben, reiten

Berufswunsch Lektorin

Wie es zu diesem Text kam Die aktuelle Flüchtlingssituation, die von uns fordert, mal etwas anders und offen zu sein.

anders

Die Straßenlaternen gaben gerade so viel Licht ab, dass man nicht über seine eigenen Füße stolperte. Die Rollläden der kleinen Geschäfte neben dem Gehweg waren heruntergezogen, manche sogar mit schweren Gittern gesichert.

Sie schwang ihre Handtasche von der einen Schulter auf die andere, um das Gewicht auf der mittlerweile schon schmerzenden Stelle loszuwerden. Ihr Kopf pochte ein wenig, vielleicht hatte sie zu viel getrunken; doch es war ein Abend zum Feiern gewesen, ein Abend, an dem „etwas zu viel" ausnahmsweise erlaubt war. Doch jetzt war der Abend vorbei, die Welt dunkel, die Straßen leer und sie auf dem Nachhauseweg. Zweimal abbiegen noch, dann würde sie in ihrem Bett liegen. Ihre schmalen Riemchensandalen gaben jedes Mal ein leises Klatschen von sich, als sie einen neuen Schritt machte und irgendwann fing sie an, im Takt dazu vor sich hinzusummen, einfach weil sie Lust darauf hatte.

Sie war ein großer Verfechter davon, Dinge zu tun, auf die man Lust hatte. Besonders wenn sie ein wenig betrunken war. Worin lag der Sinn, etwas nicht zu tun? So lief sie die Straße entlang, die für sie eine menschenleere Straße war, bis sie um eine Ecke bog und herausfand, dass sie nicht ganz so menschenleer war wie gedacht.

Unaufmerksam war sie geradewegs in die dunkle Gestalt hineingelaufen, die an der Hauswand lehnte und musste somit notgedrungen die schöne Melodie unterbrechen, um kurz stehen zu bleiben und eine schnelle Entschuldigung vor sich hinzumurmeln. Sie hatte sich schon wieder umgedreht, da antwortete der Fremde etwas in einer Sprache, die sie nicht verstand und berührte ihren nackten Arm. Dies war keine Situation, in der man verweilen sollte, nicht als Mädchen, nicht mitten in der Nacht und schon gar nicht leicht angetrunken, doch sie blieb stehen und sah sich zu ihm um.

Er nahm die Hand zurück und blickte sie aus zwei Augen an, die in dem schwarzen Gesicht leuchteten wie Monde am Nachthimmel. Er sagte nichts mehr und sie entschied, keine Angst zu haben, weil gerade das jeder andere tun würde. Sie war nicht jeder andere. Sie war anders. Also standen sie sich gegenüber, still einander abschätzend.

Natürlich, sie gefiel sich als Mädchen, das sich nicht fürchtete, aber wenn er einer von dieser Sorte gewesen wäre, diese Sorte Kerle, die nichts Gutes im Sinn hatten, wäre sie schneller weg gewesen, als er hätte blinzeln können. Sie war zwar anders, aber nicht dumm, und ihr lag etwas an ihrem Leben, ziemlich viel sogar.

Doch das eine Wort, das sie nicht verstanden hatte, war auch irgendwie anders gewesen. Sie konnte es spüren, hier standen sich zwei Menschen gegenüber, die sich dazu entschieden hatten, anders zu sein; nicht in die für sie gefertigte Lücke zu passen. Denn sie hatte keine Angst und er wollte ihr nichts Böses, obwohl sie sich nachts alleine auf einer dunklen Straße begegneten.

Er trug ein graues T-Shirt, abgeschnittene Jeans und war wirklich so schwarz wie man nur schwarz sein konnte. Bei Tag musste seine Haut aussehen wie dunkle Schokolade. Er streckte ihr eine Hand entgegen, Handfläche nach oben.

Er brauchte Geld. Jeder auf dieser gottverdammten Welt brauchte Geld, weil man nicht einmal Herr über sein eigenes Leben war, ohne Geld.

Es machte sie wütend, doch es war nicht seine Schuld. Auch wenn er anders war, konnte er genau wie der Rest der Menschheit manchen Dingen nicht entkommen. Sie kramte einen Zehner aus ihrer Tasche und drückte ihn in die geöffnete Handfläche. Er murmelte etwas in seiner Sprache, berührte noch einmal kurz dankbar ihren Arm und verschwand in die Richtung, aus der sie gekommen war. Weg innerhalb von Sekunden.

Sie schloss ihre Handtasche wieder und machte sich auf den Weg zu ihrem Bett, langsam wurde es kalt auf der Straße und ihre Kopfschmerzen immer schlimmer. Es war, als ob ein winzig kleiner Mensch mit einem winzig kleinen Hammer von innen gegen ihre Schädeldecke klopfen würde, immer und immer wieder, aber herausschaffen würde er es doch nicht, denn egal wie anders wir alle waren, keiner allein konnte anders genug sein, um im Kopf der Menschen etwas zu verändern. **«**

Steckbrief
LEONIE ALT

»Zeitreise mit Baron«
Altersempfehlung ab 6 Jahren

Alter beim Schreiben des Textes
12 Jahre

Hobbys
Reiten, Geige spielen, lesen

Zeitreise mit Baron

„Warst du am Wochenende wieder auf dem Flohmarkt?", fragte Lola mich herablassend. „Äh", sagte ich und zuckte mit den Schultern.

„Mist, schon wieder keine schlaue Antwort", dachte ich. Ohne, dass ich es wollte, kamen mir die Tränen.

„Bist du jetzt auch noch eine Heulsuse?!", lachte Lola mich aus.

Mit Tränen in den Augen lief ich weg. Der Pulli, mit dem Bild von einem schwarzen Pferd darauf, war so schön. Ich hatte ihn gestern tatsächlich auf dem Flohmarkt gekauft.

„Warum lacht sie mich immer aus, es muss ja nicht jeder nur teure Markenkleidung tragen", dachte ich beim Weglaufen.

Am Nachmittag wurde meine Stimmung schlagartig besser, denn ich war auf dem Weg zu einer Reitstunde auf meinem weißen Lieblingspferd Baron. Diese Reitstunden hatte ich zu meinem letzten Geburtstag bekommen. Deswegen freute ich mich umso mehr, als ich mich der Box von Baron näherte und er mich wiehernd begrüßte. Ich holte ihn aus seiner Box und band ihn an. Während des Putzens schüttete ich ihm mein Herz aus, ich erzählte ihm, wie sehr ich mich über Lola und ihre Sprüche geärgert hatte, dass ich nicht wüsste, was ich hätte sagen können und dass ich mir wünschte, dass Lola mich endlich in Ruhe ließe. Auch, wenn er mir nicht antworten konnte, hatte ich das Gefühl, dass er mich verstand. Ich holte Sattel und Trense aus der Sattelkammer und sattelte und trenste Baron. Danach führte ich ihn in die Halle, saß auf und ritt an. Aber ich konnte mich gar nicht richtig konzentrieren. Die ganze Zeit schwebte mir Lolas hämisches Gesicht im Kopf herum. Dann überdachte ich die ganze Situation noch einmal. Auf einmal fielen mir hundert Sachen ein, die ich hätte sagen können.

„Wenn ich doch nur in der Zeit zurückreisen könnte", dachte ich. Auf einmal verschwammen Barons aufmerksame Ohren vor meinen Augen. Aber auch die Reitlehrerin und die anderen Mädchen auf ihren Pferden rückten in die Ferne. Nach ein paar Sekunden wurde mein Umfeld wieder scharf. Doch was war das!? Ich war nicht mehr in der Reithalle auf Baron. Nein, ich war wieder in der Schule. Noch bevor ich verstanden hatte, was hier überhaupt passiert war, kam auch schon Lola auf mich zu: „Warst Du am Wochenende wieder auf dem Flohmarkt?", fragte sie mich herablassend.

„Warum passiert das jetzt noch einmal?", fragte ich mich verwirrt. Egal, jetzt konnte ich immerhin etwas sagen, was ich mir eben überlegt habe.

„Nein, eigentlich war ich in Koblenz im Forum. Warum fragst Du, warst Du etwa am Wochenende auf dem Flohmarkt?", gab ich zurück.

„Äh", stotterte Lola und sah mich verdattert an. Ich grinste überfreundlich und Lola lief auf eine Bank zu, wo ihre Freundinnen saßen.

„Endlich bin ich mal nicht die, die wegläuft", dachte ich zufrieden. Erst verschwammen wieder die Kinder, dann auch die Schule und schon saß ich wieder auf Baron.

„Das kann doch nicht sein, ich kann nicht in der Schule gewesen sein, ich habe das alles bestimmt nur geträumt!", dachte ich verwundert und kraulte Barons Ohren. Die anderen Mädchen in der Reitstunde hatten jedenfalls nichts von meiner seltsamen Traumreise bemerkt …

Am nächsten Tag in der Schule kam Lola erneut auf mich zu: „Ich war gestern auch in Koblenz, doch deinen Pulli habe ich nirgendwo gesehen", bohrte sie. Ich reagierte nicht weiter und ging schnell ins Schulgebäude, denn es hatte bereits zum Pausenende geklingelt.

„Heißt das, ich bin wirklich in der Zeit zurückgereist, denn beim ersten Mal, als Lola mich angesprochen hat, habe ich das mit Koblenz nicht gesagt", überlegte ich verwirrt, schob den Gedanken dann aber schnell beiseite. Ich wollte mir die Sachen für die mündliche Lateinprüfung, für die ich über eine Woche lang gelernt hatte, noch einmal anschauen.

Kurz darauf war die mündliche Prüfung. Ich war bald an der Reihe. Ich war ganz schön aufgeregt. Meine Lehrerin Frau Stein fing an, mich Vokabeln und Grammatikformen abzufragen. Ich war so aufgeregt, dass mir die Antworten nicht mehr einfielen. Mehr als „Äh?!", wusste ich nicht zu sagen.

„Hast du überhaupt gelernt?", fragte mich Frau Stein.

„Ähm, eigentlich schon", sagte ich stotternd.

„Dann musst du nächstes Mal mehr lernen. Mehr als eine sechs kann ich dir nicht eintragen, denn du wusstest ja nichts." Ich setzte mich erneut mit Tränen in den Augen auf meinen Platz.

Am Nachmittag hatte ich noch einmal eine Reitstunde. Ich erzählte Baron von meiner Lateinprüfung und überlegte mir, ob ich wohl noch einmal zurückkreisen könnte.

„Was habe ich denn gemacht, als ich zurückgereist bin? Genau, ich habe mir überlegt, was ich hätte sagen können und dann, dass ich mir wünschte, dass die Situation noch einmal eintritt. Das probiere ich gleich noch einmal aus", dachte ich. Kurz darauf begann die Reitstunde, ich stieg auf und ritt an. Dabei ging ich alle Fragen der Prüfung noch einmal durch. Nachdem ich mir ganz sicher war, dass ich auf jede Frage eine Antwort hatte, wünschte ich mir, dass die Situation noch einmal wäre. Abermals verschwammen erst Barons Ohren, dann die Reitlehrerin und die Mädchen auf ihren Pferden. Kurz darauf wurde mein Umfeld wieder scharf. Tatsächlich, ich stand wieder vor der Klasse bei Frau Stein. Schon fing sie an mit ihren Fragen. Ich überlegte kurz und gab eine Antwort. Auch auf alle anderen Fragen konnte ich eine Antwort geben.

„Julia, das war sehr gut. Du hast dir deine eins wirklich verdient", lobte mich Frau Stein. Die Lehrerin, aber auch die Schüler verschwammen sofort wieder und schon saß ich wieder auf Baron. Ich freute mich sehr über meine eins. Als ich kurz darauf nach Hause kam, erwartete mich meine Freundin Celina schon.

„Meine Tante hat einen tollen Reitstall, wo wir am nächsten langen Wochenende kostenlos in die Reiterferien fahren können!", rief sie.

„Oh nein, da kann ich bestimmt nicht mit, weil meine Eltern dann mit mir unbedingt zu meinen Verwandten fahren wollen. Das wird dort so langweilig", dachte ich traurig, sagte aber: „Cool! Ich frage gleich heute Abend beim Abendessen meine Eltern, ich ruf dich dann noch einmal an!"

Als ich beim Abendessen am Tisch saß, beschmierte ich mein Brot mit Marmelade, beobachtete meine Eltern und wartete auf einen günstigen Augenblick zum Fragen.

„Julia, Schatz, ist irgendetwas?", fragte mich mein Vater auf einmal. Ich zuckte zusammen.

„Äh, ich möchte nächstes Wochenende zusammen mit Celina in die Reiterferien fahren", rutschte es aus mir heraus.

Meine Mutter zog die Stirn in Falten: „Du weißt doch, dass wir für dieses Wochenende geplant haben, zu unseren Verwandten zu fahren, weil Onkel Willi da seinen fünfzigsten Geburtstag feiert. Das steht doch schon ewig fest."

Mir kamen die Tränen und ich stand auf. Dabei kam mir der Gedanke, was wäre, wenn ich jetzt auf Baron säße und zurückgereist wäre. Ich wischte mir hastig die Tränen von den Wangen und setzte mich wieder.

Dann holte ich tief Luft und erklärte mutig: „Der Reiterhof gehört Celinas Tante. An diesem Wochenende sind noch zwei Plätze frei und Celina darf eine Freundin kostenlos mitnehmen. Ihr könnt doch trotzdem zu Onkel Willis Geburtstag fahren."

Meine Eltern schauten sich verwundert an. Mein Vater fragte meine Mutter: „Was meinst du?"

„So ein gutes Angebot kann man sich doch nicht entgehen lassen", sagte meine Mutter und zwinkerte mir zu.

„Oh, danke", jubelte ich, „Ich bastle für Onkel Willi auch noch ein Geschenk, was ihr mitnehmen könnt!"

Ich rannte zum Telefon und dachte: „Jetzt habe ich es sogar geschafft, mir spontan, ohne Zeitreise, eine Antwort zu überlegen – und das alles nur dank Baron!" Glücklich griff ich nach dem Telefon und wählte die Nummer von Celina. «

Steckbrief
T.K. ALICE

»Your Name«, »Perception«, »Ray of hope«
Altersempfehlung ab 14 Jahren

Wohnhaft in Deutschland/Baden-Württemberg

Alter beim Schreiben des Textes 17 Jahre

Geburtsjahr 1996

Hobbys Schreiben, Gestaltung, Sprachen

Berufswunsch Grafikerin/Mediengestaltung (nebenberuflich Autor)

Wie es zu diesem Text kam Es war einfach aus einer schlechten Laune heraus, da es sich um Gedichte handelt.

Your Name:

You're standing there
In the pouring rain
And I see you cry ...
Tell me your name

I don't know why
But I like your pain
If you don't mind ...
Tell me your name

You're staring down
The empty Main
I don't know why ...
But tell me your name

I can't just walk by
Might be insane
While you're shaking there ...
Please, tell me your name

Tell me, what can you see?
When you look around you ...
seeing all these people run in circles.

Tell me, what can you hear?
When you listen to the sound around you ...
hearing all those lonely heartbeats.

Tell me, how do you feel?
When you stand there on the street ...
feeling lost and like a stranger.

Can you stand there and be strong?
Can you be here without falling?
Can you really stand your ground?

What do people really see?
When they rush from here to there ...
without even a glance at others.

While you stand there on the street ...
listen to the sound around you ...
look at all the things beside you ...

And tell me what you see.

„Ray of hope"

It's always hard to be awake
To sometimes fall but never break.
It's always hard to try and stand
Watching others, make amends.

It's always hard to be alone
And making sure it's never shown
But even if it's always hard
You would never leave your guard

Cause even if you try to hide,
One can tell what's deep inside.
And even if there's someone else –
someone, that destroys your shell

You would rather go and die,
Then lying on the ground and cry
That's cause you know there'll always be
Something that makes you believe.

Believe that there will be something ...
That you can turn and start again.
Cause even something in your way
You can take and build a ray ...

The ray of hope that saves your day.

Steckbrief
ERIK DITTERT

»Die unentdeckte Welt«
Altersempfehlung ab 10 Jahren

Wohnhaft in Deutschland

Alter beim Schreiben des Textes 10 Jahre

Geburtsjahr 2003

Hobbys Schreiben von Geschichten, zeichnen, fotografieren, dichten

Berufswunsch Autor, Fotograf, Journalist oder Maler

Wie es zu diesem Text kam Ich dachte, ich wäre gut im Umgang mit Wörtern und habe einfach drauflosgeschrieben.

Sonstiges Ich war bei THEO 2016 auf dem 31.-40. Platz.

Die unentdeckte Welt

© Erik Dittert

Eines warmen Herbsttages schlenderte ein Junge namens Jack Thomson durch die Straßen New Yorks und schleckte genüsslich an einem kühlen Eis. Seine braunen Haare wehten im Wind, während er nachdenklich in den Himmel starrte. Die Ferien über wohnte er bei Tante Linda und Onkel Ben. Seine Mutter wohnte allein in einer kleinen Wohnung in Texas. Sie war dorthin gezogen, weil sie einen neuen Job bekommen hatte.

Sein Vater nahm zurzeit an einem Wissenschaftswettbewerb teil, wo es darum ging, etwas zu bauen, was die Zukunft der Menschen verbessern konnte, so war auch das Motto: In die Zukunft bauen. Da hatte seine Mutter viel Stress, wenn keiner da war, der ihr half. Dann konnte sie es nicht gebrauchen, wenn sie sich auch noch um einen dreizehnjährigen Jungen kümmern musste. Jack war bei seiner Wohnung angelangt. Er drückte auf die Türklingel und ein lautes „Ring ring" ertönte.

Die Tür sprang auf und Jack trat in das Wohnzimmer ein. Er hängte seine Jacke an die Garderobe und rief: „Ben, Linda, ich bin wieder da!"

„Du kommst gerade recht", antwortete Tante Linda. „Das Mittagessen steht schon auf dem Tisch. Übrigens, ein Brief von deinem Vater aus Chicago ist gestern Abend angekommen."

„Was schreibt er?", wollte Jack wissen.

„Weiß nicht, ich habe nicht reingeschaut. Du kannst ihn nachher aufmachen, aber zuerst wird gegessen. Es gibt Spaghetti mit Pesto und Tomatensoße", sagte Linda aus der Küche.

Ah, Spaghetti, das war Jacks absolute Lieblingsspeise. Gleich nach der Mahlzeit rannte er die Wendeltreppe hinauf in sein Zimmer, zog hastig die Tür hinter sich zu und ließ sich auf sein Bett plumpsen. Er holte sein Taschenmesser und öffnete damit den Brief, den ihm sein Vater geschrieben hatte. Dann steckte er das Messer zurück in seine Hosentasche, wo er es für Notfälle aufbewahrte.

In Johns vertrauter Schrift stand da auf einem Stück Papier:

Lieber Jack,
Es tut mir leid, dass ich in den letzten Wochen keine Zeit für dich und deine Mutter hatte. Wie du ja weißt, bin ich bei einem sehr wichtigen Wettbewerb. Wie dem auch sei, ich habe eine unglaubliche Entdeckung gemacht! Mir ist es gelungen, ein Loch zu bauen, dass in die verschiedensten Dimensionen führt, doch auch in Vergangenheit und Zukunft, also in eine unberechenbare Welt. Stell dir doch mal vor, meine Maschine würde uns in einem Universum ausspucken, wo alles auf dem Kopf steht. Wenn du mich mal wieder besuchst, darfst du die Erfindung testen. Bis bald!
John Thomson

Jack konnte sein Glück kaum fassen. Er durfte in einem völlig fremden Universum Forscher spielen! Was es da wohl zu entdecken geben würde? Kreaturen, die noch kein Mensch zu Gesicht bekommen hatte? Unentdeckte Pflanzenarten? Er konnte es kaum erwarten. Am Abend fragte er seine Tante, ob sie ihn am nächsten Morgen zum Flughafen fahren könne. Und am folgenden Tag war es so weit.

Jack half, das Gepäck zum Auto zu tragen und dann brachen sie auf. Am Flughafen angekommen, staunte Jack nicht schlecht, als er die vielen Flugzeuge sah. Er hätte die ganze Zeit dastehen und zusehen können, wie jede Minute eine der Maschinen startete oder zur Landung ansetzte. Aber dann überwand er sich, stieg in sein Flugzeug ein und suchte sich seinen Platz. Wenig später hob das Flugzeug vom Boden ab und flog hoch über der Erde.

Jack schaute aus dem Fenster, doch es war nichts zu erkennen, denn die Wolken verdeckten den Blick auf die Landschaft. Mit der Zeit fielen Jack die Augen zu. Als er aufwachte, rollte das Flugzeug gerade auf die Landebahn und bremste ab. Eine Treppe wurde ausgefahren, auf der die Passagiere die Maschine verließen. Jack holte seine beiden Koffer und den Rucksack aus dem Gepäckfach und lief zum Bus, der ihn zum Haus seines Vaters fahren sollte.

Bei der sechsten Haltestelle stieg er aus, stellte sein Gepäck auf den Bürgersteig und sah sich interessiert um. Eine schmale, steinerne Treppe führte zur Tür eines gelben Hauses. Links und rechts neben dem Eingang standen zwei bunte Blumentöpfe. Hinter dem Haus lag ein kleiner Garten, in dem Rosen, Lilien und Magnolien wuchsen.

Jack drückte auf das Klingelschild mit dem Namen „John Thomson" und es dauerte keine zwei Sekunden, da stand ein schlanker Mann mit braunen Haaren und einem Kapuzenshirt auf der Türschwelle.

„Hallo, Dad! Wie geht es dir? Ich hab mich schon so gefreut, dich zu sehen! Hast schon auf mich gewartet? Wann darf ich deine Erfindung testen?", plapperte Jack los.

„Na, na, na, na, das sind aber viele Fragen auf einmal!", sagte die tiefe Stimme des Vaters. „Komm doch erst mal rein."

Jack trat ein und setzte sich an den Küchentisch. Währenddessen gab John ihm eine Cola.

„Also, wann darf ich mit deiner Maschine reisen?", schoss Jack hervor. John sah ihn lächelnd an.

„Wenn du willst, schon heute Abend."

Nachdem Jack die Cola getrunken hatte, setzte er sich auf ein Sofa und zerbrach sich den ganzen Nachmittag den Kopf darüber, was er auf seiner Reise entdecken würde.

Nach dem Abendessen packte er alles in seinen Rucksack, was ihm wichtig erschien, darunter eine Taschenlampe, ein Fernglas, eine Kamera, zehn geschmierte Butterbrote und eine Wasserflasche. Ein kleines Heft für Zeichnungen und Notizen war auch dabei. Dann ließ er sich noch von John die Bedeutung der Knöpfe und Schalter erklären. Endlich durfte er dann, spät am Abend, in den Keller gehen, wo die Zeitmaschine stand. Bevor Jack in die Maschine stieg, sagte John zu ihm: „Aber nicht länger als zwei Stunden, dann bist du wieder zurück in New York!" Daraufhin trat Jack durch die Öffnung der Maschinenhülle und setzte sich in den flauschigen Stuhl, der direkt in den kalten Boden überging.

Er tippte ein paar Daten für den Computer in die Tastatur ein und schon sauste ein goldener Blitz durch den Keller und verschlang die Maschine. Dann wurde es für eine lange Zeit still. Als Jack aufwachte, pochte sein Kopf so stark, dass er seine Hand dagegen halten musste. Schließlich nahm er sich die Kraft dazu, aufzustehen und durch eines der Maschinenfenster zu blicken. Auf einmal verschlug es ihm die Sprache.

Da draußen war eine ganz andere Welt als auf der Erde. Nicht, dass alles auf dem Kopf stand, aber es waren so viele Dinge da, die auf der Erde gar nicht existierten. Überall konnte man grüne Flächen mit saftigem Gras sehen, wo Blumen und Pflanzen aller Art wuchsen. Aus Felslöchern krochen Käfer mit glitzernden Kleidern und in manchen Ecken flatterten riesige Schmetterlinge um die Wette.

„Wenn hier die Sonne scheint, ist auf der Erde Nacht und umgekehrt", überlegte Jack, während er ein Wesen bei der Nahrungssuche beobachtete. Er legte einen der zwölf Schalter um und die Maschinentür schwang zur Seite. Jack trat hinaus auf eine weite Wiese, die von Schilf umringt war. Hin und wieder streckte er einem Käfer den Finger entgegen, doch der flog ängstlich ins Gebüsch. Von den Bäumen, die mindestens so groß wie der Eiffelturm in Paris waren, fiel Goldstaub herunter, der in seinen Haaren landete. Später machte er einen Spaziergang über einen langen, gelben Sandstrand. Jack zog Schuhe und Socken aus und legte sich in den heißen Sand, der unter seinen Füßen kribbelte.

Mit der Zeit wurde es Abend. Jack hatte ganz vergessen, dass er nicht länger als zwei Stunden hier sein durfte. Hastig schlüpfte er in Schuhe und

Socken und rannte in den Wald hinein. Er kramte in seiner Tasche nach dem Kompass. Doch da fiel es ihm wieder ein: Er hatte seinen Kompass im Rucksack in der Zeitmaschine liegen lassen. Und er hatte auch keine Ahnung, aus welcher Richtung er gekommen war. Was sollte er bloß tun? Es wurde immer dunkler und Jack irrte tief im Wald herum. Plötzlich entdeckte er hinter einem Buschwerk eine von Felsen geschützte Lichtung.

Schnell häufte er Blätter und Moos zu einem weichen Bett. Anschließend faltete er seinen Pullover zu einem Kissen, legte sich darauf und deckte sich mit seiner Jacke zu.

Dann versuchte er einzuschlafen, doch er brachte kein Auge zu, weil er immer wieder an seinen Vater denken musste, der sich wahrscheinlich schon große Sorgen um ihn machte. Am nächsten Morgen richtete Jack sich ein kleines Frühstück mit Früchten und Wasser von einer klaren Quelle. Dann nahm er seine Jacke und marschierte in Richtung der großen Wiese, wo die Zeitmaschine ihn abgesetzt hatte. Immer wieder musste er sich an Bäumen und Sträuchern orientieren, um voranzukommen.

Es klappte eigentlich ganz gut, bis ihm eine tiefe Schlucht den Weg versperrte. Jack lief ratlos im Kreis herum. Er hätte nicht gedacht, dass ihm eine Schlucht zum Verhängnis werden könnte. Da entdeckte er einen langen Tunnel, der direkt am Rand der Felswände entlangführte. Er schaute ihn sich aus der Nähe an und schließlich, als er sich sicher war, dass keine Einsturzgefahr bestehen konnte, wagte er sich vorsichtig in den engen Gang. Jack musste dutzende Felsblöcke beiseite räumen, bis er es endlich geschafft hatte. Die Sonne blendete ihn, als er aus der Höhle trat. Nasse Schweißperlen liefen ihm übers Gesicht. Jack rastete eine Weile an einem schattigen Platz und trank von einem rauschenden Fluss. Jack lief nach wenigen Minuten weiter und erreichte schließlich die große Wiese. Dort legte er sich unter einen Baum und lauschte dem Zwitschern der Vögel.

Auf einmal bemerkte er, dass die Zeitmaschine nicht mehr da stand. Verzweifelt blickte er sich in der Gegend um. Eine schwere Maschine konnte doch nicht einfach verschwinden! Oder doch?

Jack suchte hinter einem Felsen und fand eine lange Schienenspur. Er wusste, dass sie zur Zeitmaschine gehörte und folgte der Spur bis zu einem riesigen Berg. Jack lehnte sich gegen die Felswand.

Es knarrte und Jack fiel nach hinten. Eine geheime Tür hatte sich geöffnet, die den Blick auf eine finstere Kammer freigab. Rasch stand er auf und schüttelte den Dreck von seiner Jeans. Vorsichtig tastete er sich an der Wand entlang. Plötzlich kroch etwas Schwabbliges über seine Knie.

Ein kalter Schauder lief ihm den Rücken hinunter und er beeilte sich, schnell an das Ende der Kammer zu gelangen. Jede Minute knackste etwas unter seinen Schuhen und als er genauer hinschaute, sah er lauter Kakerlaken auf dem Boden herumkrabbeln. Wie vom Blitz getroffen, starrte er auf all die glitschigen Viecher und wagte es kaum mehr, nach unten zu gucken. Plötzlich bekam er etwas auf den Kopf. Er schwankte und sank in sich zusammen. Wenige Augenblicke später fand er sich in einem geheimnisvoll leuchtenden Raum wieder.

Schwach erkannte er eine große Kreatur mit langen, dünnen Beinen, blauer Haut und einer goldenen Maske, die ihr Gesicht verdeckte. Sie saß auf einem hohen steinernen Thron und zwei Diener wedelten ihr mit einem enormen Palmwedel Luft zu. Die Königin stieg von ihrem Thron.

„Was wollen Sie von mir?", rief Jack.

Die Königin antwortete: „Erdenbewohner, von dir wollen wir nichts, vielmehr aber von deinem Heimatplaneten. Meine Truppen werden mit Hilfe deiner Maschine auf die Erde kommen und mir alles Gold der Welt bringen. Dann schmelze ich mir meine eigene Siegesstatue und alle Menschen müssen sich vor mir verneigen. Doch eines sage ich dir: Wenn sich deine kleinen, dreckigen Freunde weigern sollten, werden meine Soldaten keine Gnade lassen und alles in Schutt und Asche legen! Hast du verstanden oder willst du von meinen Riesensäbelzahntigern Crash und Fox gefressen werden?"

„Ich, ähm, also ich habe, äh, verstanden", stammelte Jack.

Niedergeschlagen schaute er auf seine, hinter den Rücken gefesselten, Hände hinunter. Er steckte seine Hände in die Hosentaschen und spürte etwas Scharfes. Natürlich, sein Taschenmesser! Überglücklich zog er es heraus und durchtrennte das Seil, das um seinen Arm gewickelt war. Sofort kamen Soldaten angerannt und umzingelten ihn.

Er zog einer Kreatur das Messer aus der Scheide und rammte es ihm direkt ins Herz. Ein gellender Schrei ertönte. Mit einem Satz saß Jack in der Zeitmaschine und tippte Geschwindigkeit, Datum und Zielort in die Tastatur ein. Schon verschwand die Zeitmaschine und an der Stelle, wo sie gestanden hatte, konnte man nicht mehr als eine Brandspur erkennen. Bomm! Die Maschine prallte auf den Kellerboden. Jack stiefelte die Kellerstufen hinauf und ging über den roten Teppich durch den Korridor. Er spähte in das Schlafzimmer. Sein Vater schlief tief und fest. Im Schlaf flüsterte er immer wieder den Namen „Jack".

Jack rüttelte ihn: „Dad, Dad, ich bin's, dein Sohn! Wach auf!"

John blinzelte und öffnete langsam die Augen. „Jack? Jack! Mein Sohn. Was hast du denn so lange gemacht?"

Jack grinste: „Ach, das ist eine lange Geschichte!" ((

Steckbrief
SABINE WINKLER

»**Das Haus des Tempels**«
Altersempfehlung ab 12 Jahren

Wohnhaft in Österreich/Niederösterreich

Alter beim Schreiben des Textes 16 Jahre

Geburtsjahr 1998

Hobbys Das Verfassen von Geschichten, das Schreiben eines Romans, Wing Tsun

Berufswunsch Roman-Autorin

Sonstiges Ich nehme momentan an einem Fernstudium an der Hamburger Akademie "Schule des Schreibens" teil.

Das Haus des Tempels

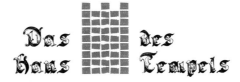

Marie spazierte durch den großen, grünen Garten des Hauses. Überall blühten Blumen, Sträucher mit köstlichen Beeren wuchsen, wohin man auch blickte. Hinter Marie lag ihr Elternhaus, zu dem der Garten gehörte. Das Haus war riesig und die Fassade reich verziert. Für Maries Geschmack war es etwas zu groß. Sie und ihre Eltern lebten alleine darin und viele Räume standen leer.

Zu Maries Rechten ragte der Tempel auf, ein hoher Turm in einem hellen Blau, wodurch er sich an wolkenlosen Tagen wie diesem fast nicht vom Himmel abhob. Marie ging weiter durch den Garten. Sie war auf dem Weg zu dem einzigen Punkt des Gartens, der vom Haus aus nicht zu sehen war. Dort kletterte sie über den Zaun. Endlich hatte sie wieder die Möglichkeit, durch die Stadt zu spazieren, sich die kleinen Verkaufsstände anzusehen und durch mit Menschen überfüllte Straßen zu gehen. Sie ging den schmalen Weg entlang, der zur Stadt führte. Vor der Stadt spielten einige Kinder im Schatten von drei

Apfelbäumen. Eines der Kinder jagte die anderen, diese liefen schreiend davon. Ein Junge fiel auf den Boden, stand unbekümmert und vor allem schmutzig wieder auf und lief weiter. Das war, was Marie in ihrer eignen Kindheit am meisten vermisst hatte: die Gesellschaft von Spielkameraden und das sorgenfreie Herumtollen. Marie beschloss, dem Spiel eine Zeit lang zuzusehen. Sie machte es sich unter einem der Bäume gemütlich.

„Apfel?", fragte jemand.

Marie blickte sich um und sah einen Jungen, der zwei Äpfel in den Händen hielt.

Sie nahm einen: „Danke."

Der Bursche setzte sich neben sie. Seinem Aussehen nach zu urteilen war er nur ein paar Jahre jünger als Marie.

„Ich hab dich schon mal gesehen", erzählte er. „Das war in der Stadt, aber da hast du ganz anders ausgesehen als jetzt. Du bist auf einem Pferd gesessen und um dich sind vier Wachen gestanden und du hast eine goldene Halskette und einen Armreif getragen. Warum bist du jetzt allein?"

Der Junge musste sie gesehen haben, als sie vor ein paar Wochen mit ihrem Vater ans andere Ende der Stadt geritten war, um einen Grafen und seine Gräfin willkommen zu heißen, die bei ihnen zu Besuch waren.

Marie ignorierte die Frage des Jungen. „Siehst du die Kinder? Wie sie lachen und sie sich um nichts kümmern zu brauchen, außer, wer das nächste Spiel gewinnt? Das einzige Spiel, das ich spielen durfte war, wie man nur „Ja", „Bitte" und „Danke" sagt."

Der Junge sah sie an: „Dann bist du wirklich die Tochter der Naos-Familie."

Marie nickte. Sie war die einzige Tochter der Naos, Marie Naos. Seit über tausend Jahren bewachte ihre Familie den heiligen Tempel. Sie waren eine reiche Familie, die im Anwesen gleich neben dem Heiligen Tempel hauste.

„Den Heiligen Tempel nennen sie diesen Turm", meinte der Junge.

„Weißt du, warum das so ist? Warum ist er so wichtig? Wieso muss man ihn so gut beschützen, wie es deine Familie schon so lange tut?"

Marie hatte auch keine Antworten auf diese Fragen. Sie war schon oft im Tempel gewesen. Alles, was man darin tun konnte, war, sich segnen zu lassen durch Wasser und Erde. Beim Segnen goss einem das Oberhaupt der

Naos-Familie Wasser über den Kopf und danach bekam man ein Zeichen mit Erde auf die Stirn gemalt. Schon war man gesegnet. Über den wirklichen Sinn des Tempels hatte Marie noch nie genau nachgedacht.

„Ich weiß es auch nicht", antwortete Marie.

„Das glaube ich nicht. Du gehörst zu den Hütern des Tempels, wenn es jemand weiß, dann du."

Der Junge warf den Strang seines bereits aufgegessenen Apfels weg, erhob sich und ging.

Marie wusste tatsächlich nicht, was an dem Tempel so besonders war, dass ihre Familie ihn mit allem, was sie hatten beschützte. Doch eines Tages würde sie das Erbe ihrer Eltern antreten müssen. Und sollte sie dann nicht wissen, warum sie den Tempel bewacht? So vieles hat man ihr beigebracht: das Lesen, Schreiben, Rechnen, gute Manieren, eine gewählte Ausdrucksweise, die lateinische Sprache und noch einiges mehr. Über den Tempel hatte sie allerdings nie etwas erfahren.

„Ich werde herausfinden, was den Tempel so besonders macht", ging ihr durch den Kopf. „Wenn ich schon mein ganzes Leben damit verbringen soll, ihn zu beschützen, will ich zumindest wissen, wieso."

Sie stand auf und verließ die kleine Wiese und die darauf herumlaufenden Kinder. Den Weg, den sie gekommen war, ging sie zurück, kletterte über den Zaun und ging durch den Garten in Richtung der hauseigenen Bibliothek. Die Bücherei der Naos war zum größten Teil mit Geschichtsbüchern gefüllt und diese wiederum handelten von der Vergangenheit von Maries Familie. Marie suchte aus den Regalen die Bücher heraus, die etwas mit dem Tempel zu tun hatten. Sie setzte sich an einen kleinen Tisch und begann, das erste Buch zu lesen.

Die ersten drei Bücher, in denen sie suchte, handelten von den Schutzmaßnahmen für den Tempel, von seiner Instandhaltung und seiner Restaurierung. Der vierte Band handelte von dem Stammbaum von Maries Familie.

Stundenlang saß sie an dem kleinen Tisch, der jedes Mal, wenn sie ein neues Buch darauf legte, unter dem Gewicht klagte.

Es wurde allmählich Abend und Marie entzündete eine Kerze, um weiterhin lesen zu können. Sie schlug das nächste Buch auf. Auf der ersten Seite befand sich eine Tuschezeichnung, die einen ihrer Vorfahren zeigte. Als Marie das Bild genauer betrachtete, bemerkte sie, dass der Mann dieselbe Kette mit einem kleinen Silberschlüssel um den Hals hatte, wie sie ihr Vater bei allen wichtigen Anlässen trug. Mit der Kerze in der Hand stand sie auf und verließ den Raum. Sie nahm den schmalen Weg, der vom Haus zum Tempel führte. Der Weg wurde immer gut bewacht, vor allem zu dieser Uhrzeit. Einige der Wachen, an denen sie vorbeikam, sahen sie unruhig an.

Einer von ihnen legte ihr die Hand auf die Schulter: „Fräulein Naos, es ist schon spät. Erlauben Sie mir, dass ich Sie ins Haus zurückbegleite."

„Nein. Ich gehe zum Tempel."

Ohne die Wache anzusehen, ging sie ihren Weg weiter. Beim Tempel angekommen öffneten ihr die beiden Wachleute, die davor standen, das Tor. Sie schritt hindurch. Die Innenwände des Tempels waren in ein helles Grün getaucht. In der Mitte des Raumes standen zwei Schalen, eine mit Wasser und eine mit Erde. Rundherum waren Gebetsbänke aufgestellt.

Marie interessierte sich für eine Reihe von Gemälden, die die Wand links von ihr schmückten. Es waren Gemälde aller ihrer Vorfahren, die einmal Oberhaupt der Familie gewesen waren und somit hier im Tempel segnen durften. Sie hielt ihre Kerze hoch und tauchte ein Gemälde in den Schein des Lichts. Sie betrachtete es genau, danach das nächste und das nächste, bis sie beim Neuesten angekommen war, dem Gemälde ihres Vaters. Nun wusste sie, was sie zu tun hatte. Jedes Oberhaupt auf den Gemälden trug den Silberschlüssel bei sich.

Sie verließ den Tempel wieder und ging voll von Neugier ins Haus zurück. So leise wie möglich trat sie durch die Tür hinein, schlich die Stiegen hinauf und öffnete die Tür zum Schlafgemach ihres Vaters. Wie erwartet schlief ihr Vater in seinem Bett, das Gesicht von der Tür abgewandt. Sie betrat den Raum und schlich auf die Kommode ihres Vaters zu. Langsam öffnete sie die oberste Lade. Darin befanden sich ein altes Medaillon, eine kaputte Taschenuhr, ein Kamm, dem einige Zähne fehlten und ein besticktes Tuch. Aber das war alles nicht das, wonach Marie suchte. Doch das war kein Problem, denn sie kannte die Tricks ihres Vaters. Leise hob sie den Boden der Schublade auf und darunter befand sich ein verstecktes Fach. Darin glänzte es silbern. Das war der Schlüssel, der auf all den Gemälden zu sehen war, die über all die Jahrhunderte hinweg gemalt worden waren. Nun hielt sie ihn in Händen.

Marie schrak auf. Ein Geräusch. Ein Knarren. War ihr Vater aufgestanden? Sie drehte sich um, langsam und mit tausend Gedanken in ihrem Kopf. Ihr Herz raste. Sie wusste, wie wichtig der Schlüssel ihrem Vater war. Wenn er dachte, sie würde ihn stehlen, dann ... Sie sah auf sein Bett. Ihr Vater lag nach wie vor darin, nur jetzt auf der anderen Seite des Bettes. Das Bett musste das Geräusch gemacht haben, als er sich umgedreht hatte. Marie beruhigte sich wieder etwas. Hastig verließ sie den Raum.

Heute Nacht würde sie nicht mehr in den Tempel gehen, um zu erforschen, was es mit dem Schlüssel auf sich hatte. Es wäre auffällig, wenn sie zweimal in derselben Nacht zum Tempel ginge. Die Wachen würden Fragen stellen und es möglicherweise ihren Eltern berichten.

Es war sicherer, morgen weiterzuforschen und heute Nacht den Schlaf zu suchen. Den Schlüssel versteckte sie gut in ihrem Zimmer und anschließend legte sie sich schlafen.

„Guten Morgen, Marie!", wurde sie am nächsten Morgen aufgeweckt.
Marie sah in Richtung der Zimmertür. Morgenlicht fiel herein. Im ersten Moment konnte sie nichts sehen. Dann erkannte sie ihren Vater in der Tür.
„Guten Morgen, Papa."
„Hast du gut geschlafen, Liebes?"
„Habe ich. Ich hoffe, du auch."
Kurz herrschte eine unangenehme Stille im Raum.
„Das freut mich, Tochter. Aber steh jetzt lieber auf, und geh deinen Pflichten nach."
Schon verließ er Marie wieder und schloss die Tür hinter sich. Was Marie als Erstes tat, war, in ihrem Geheimversteck nachzusehen, ob der Schlüssel noch dort war. Ja, er befand sich genau dort, wo sie ihn hinterlassen hatte. Danach zog sie sich neue Kleider an, machte sich die Haare und ging in die Küche, um eine Kleinigkeit zu frühstücken.

Ihr Tag verlief wie jeder andere. Sie hatte Briefe an hochgestellte Personen zu schreiben, die sie zum Großteil nicht kannte. Danach musste sie ihre täglichen Übungen durchgehen, eine Übung für Latein, eine für die Rechtschreibung und eine fürs Rechnen. Nachdem sie alle ihre Pflichten erledigt hatte, begab sie sich zur Bibliothek. Dort nahm sie aus dem Stapel, den sie gestern so mühsam zusammengesucht hatte, ein bestimmtes Buch. „Der erste Beschützer des Tempels" hieß der Band. Als sie ihn gefunden hatte, zog sie sich damit in ihr Zimmer zurück. Geduldig las sie Seite für Seite durch.

Nach Anbruch der Nacht holte sie den Schlüssel aus seinem Versteck hervor und verbarg ihn in ihrer Westentasche. Wie letzte Nacht verließ sie das Haus und ging den Weg zum Tempel entlang. An diesem Tag wurde sie von keiner der Wachen angesprochen.

Sie betrat den Tempel und ging an den Gemälden und an den Schalen mit Wasser und Erde vorbei. An der Wand gegenüber des Eingangstores stand eine Statue. Diese stellte Maries Vorfahre dar, den, der als Erster geschworen hatte, den Tempel zu beschützen. Auch er trug einen Schlüssel um den Hals, doch dieser war nicht aus Silber, sondern aus Gold gegossen.

Marie sah sich um. Niemand außer ihr war hier. Sie streckte ihre Hand nach dem Schlüssel aus, griff ihn und zog ihn ihrem Vorfahren vom Hals.

„Entschuldige, aber ich brauche es dringender als du", scherzte sie leise.

Jetzt hatte sie zwei identische Schlüssel in der Hand, einen aus Gold und einen aus Silber. Und weiter? Wonach sollte sie als Nächstes Ausschau halten? Sie betrachtete die Schlüssel genauer.

„Feuer", war in dem goldenen Schlüssel eingraviert, in einer Größe, in der man es kaum lesen konnte. Nun sah sie auch den silbernen Schlüssel genauer an. „Wind", stand auf diesem.

„Feuer", murmelte sie nachdenklich. „Wind", sie wandte sich zu den beiden Schalen um. „Wasser und Erde"

Marie ging auf die Schalen zu. Sie legte die beiden Schlüssel auf den Rand der Schalen. Eine Hand füllte sie mit Wasser und goss es sich über den Kopf. Die andere tauchte sie in die Erde und malte sich damit ein Zeichen auf die Stirn. Nichts. Nichts geschah. So wie immer, wenn jemand gesegnet wurde. Enttäuscht griff sie wieder nach den Schlüsseln. Ruckartig zog sie die Hand zurück und ließ beide fallen. Der goldene Schlüssel war glühend heiß. Es fühlte sich an, als würde er brennen. Marie sah ihre Hand an.

„Brandblasen."

„Marie!", hörte sie jemanden rufen.

Sie erkannte die Stimme. Es war ihr Vater.

Jetzt konnte sie ihn sehen. Er stand in der Tür zum Tempel und starrte sie mit weit aufgerissenen Augen an.

„Marie, was auch immer du vorhast, hör auf damit! Ich flehe dich an!"

Das Mädchen bückte sich und hob den silbernen Schlüssel auf. Sie hielt ihn vor ihr Gesicht und betrachtete ihn genauer.

„Marie, ich befehle dir, aufzuhören! Sofort!"

„Wind", antwortete Marie und blies auf den silbernen Schlüssel.

Ein lautes Knarren ertönte. Etwas Schweres bewegte sich. Marie sah sich um und erkannte, was es war. In der Wand des Tempels öffnete sich langsam eine versteckte Tür. So schnell wie sie konnte lief sie dorthin. Auch ihr Vater rannte los, bereit, sie aufzuhalten. Die Tür öffnete sich langsam und als Marie bei ihr ankam, war sie gerade so weit offen, dass sie hindurchschlüpfen konnte. Hinter der Tür führte eine in den Boden gegrabene Wendeltreppe in die Tiefe. Es roch nach Erde. Sie konnte nicht ausmachen, wie weit die Treppe nach unten führte. Maries einzige Lichtquelle hier unten war der Mondschein, der durch die offene Tür fiel.

„Bleib stehen, Kind!", hörte sie ihren Vater rufen, der auch bei der Türe angekommen war. Sie hatte sich noch nicht weit genug geöffnet, damit er hindurchgehen könnte.

„Nein, Vater", sprach sie zu ihm durch den Spalt. Ihre Stimme hallte an den Wänden aus Erde wieder. „Es tut mir leid."

Schnell lief sie die Treppe nach unten.

„Marie!", rief er ihr laut hinterher.

Je tiefer sie lief, desto weniger konnte sie sehen. Bald kam sie nur noch langsam und vorsichtig voran, um auf dem feuchten Erdboden nicht auszurutschen. Sie tastete sich an der Wand entlang. Wo ihr Vater sich befand, konnte sie nicht sagen. Vielleicht war die Tür hinter ihr wieder zugegangen und hatte ihm den Weg abgeschnitten. Möglicherweise hatte er vor der Tür gewartet, bis sie weit genug offen gewesen war und schlich ihr jetzt langsam im dunkeln Erdreich hinterher. Marie wusste es nicht, doch alles was jetzt zählte war, voranzukommen. Sie glaubte nicht mehr, dass der Tempel ein einfacher Platz zum Beten war. Es steckte mehr dahinter.

Immer weiter schritt sie den dunklen Weg entlang. Die Luft wurde immer drückender, je tiefer sie kam. Wie weit würde es noch sein? Was würde am

Ende der Treppe auf sie warten? War die Tür hinter ihr zugegangen? Konnte sie noch umkehren? Weiter stieg sie bergab. Wie Stunden kam es ihr vor, die sie hier verbrachte. Wie lange es wirklich war, wusste sie jedoch nicht. Sie stieß an einem Hindernis an. Gleich begann sie damit, es abzutasten.

„Eine Mauer?", fragte sie sich. „Nein."

Sie stemmte sich gegen die Wand vor ihr und diese bewegte sich langsam und träge. Marie wendete ihre gesamte Kraft auf, um die Tür in Bewegung zu setzen. Als ein kleiner Spalt offen war, zwängte sie sich hindurch. Hinter der Tür befand sich ein Raum. Hier konnte sie wieder sehen. An den Wänden brannten Fackeln. Wer entzündete hier unten Fackeln? An einer Wand des Raumes stand eine große Wanne aus Stein, in die Wasser von der Decke herabtropfte. Marie beugte sich über die Wanne, um das Wasser zu kosten. Ihr Gesicht spiegelte sich darin wieder, doch da verschwamm es und zeigte ein anderes Gesicht. Marie schrak zurück.

„Wer war das?", fragte sie sich.

Noch einmal beugte sie sich über die Wanne und sah genauer hin. Sie hatte falsch gelegen, es war kein anderes Gesicht zu sehen. Es war ihr Gesicht, allerdings etliche Jahre jünger. Das Mädchen wandte sich von dem Becken wieder ab. Dieses Wasser trank sie besser nicht. An einer anderen Stelle in dem großen Raum befand sich ein weiteres Becken, jedoch wesentlich kleiner als das vorige und gefüllt mit einer schleimigen Masse.

Plötzlich ertönte ein lautes Geräusch. Marie drehte sich um. Die Tür, durch die sie gekommen war, war zugefallen. Panisch lief sie hin. Sie stemmte sich mit aller Kraft gegen die Tür, doch diese bewegte sich nicht von der Stelle. Völlig außer Atem gab sie auf.

„Ein anderer Weg. Es muss einen anderen Weg nach oben geben."

Sie untersuchte weiter den Raum. Zuerst ging sie wieder an der Wanne mit dem Wasser vorbei, dann an der Schale mit dem Schleim. Zaghaft steckte sie ihre Fingerspitze in die klebrige Flüssigkeit. Sie blieb an ihrem Finger kleben und Marie betrachtete sie. Der Schleim tropfte auf den Boden. Er war zäh und grün, doch außergewöhnlich erschien er ihr nicht.

Neugierig setzt Marie ihre Erkundung fort. Je weiter sie in den Raum vordrang, desto niedriger wurde die Decke. Dort, wo die Decke so niedrig war, dass sie nicht mehr stehen konnte, hielt sie an. In diesem Teil des Raumes schien nichts zu sein als Wände und Boden aus Erde. Sie drehte sich um und sah an die Decke. Erstaunt hielt sie inne. Die Decke aus Erde war verschwunden und stattdessen sah sie den freien Himmel. Wolken zogen über ihr vorbei. Sie streckte ihre Hand danach aus. Es fühlte sich nach wie vor wie Erde an. Marie sah genauer hin. Nun erkannte sie Sterne. War es Nacht geworden? Nein, die Sterne schienen viel näher zu sein und an einer Stelle glühte ein riesiger, leuchtend heller Feuerball, um den etwas kreiste. Ein runder Brocken Gestein kreiste um den Feuerball, in Grün und Blau gefärbt.

Schon war alles wieder verschwunden und wieder zur Erddecke geworden. Marie ging zurück in den Teil des Raumes, in dem die Becken standen. Neben der Schale mit dem Schleim erkannte sie etwas. Sie ging näher heran.

„Ein Veilchen? Meine Lieblingsblume. Hier unter der Erde?"

Die Blume wuchs dort, wo vorhin einige Tropfen des Schleims auf den Boden gefallen waren, erkannte Marie nun. Das Mädchen starrte den Schleim an. Mit einem Satz tauchte sie ihr Gesicht in den Schleim. Schnell zog sie es wieder heraus. Sie säuberte ihre Augen von der grünen Flüssigkeit und öffnete sie. Marie konnte es nicht glauben. Die gesamte Decke über ihr war zum Himmel geworden. Unter ihren Füßen wuchs grünes Gras, dann wurde es zu trockenem Stroh und schließlich wurde es überzogen mit einer Schicht aus Schnee. Danach wurde das Gras wieder grün.

Marie lief zu dem großen Becken und sah in das Wasser. Sie sah nun die Gesichter verschiedener Menschen. Dann erkannte sie auch Tiere: Wölfe, Schlangen, Fische, Mäuse.

Das Einzige, was sich am Raum nicht verändert hatte, war die Tür, denn diese war nach wie vor geschlossen.

„Doch das ist in Ordnung", sprach Marie mit sich selbst. „Ich habe jetzt, was ich gesucht habe."

Der Heilige Tempel bewegt die Zeit. Er lässt das Wasser in Flüssen laufen. Er bringt Bäume zum Wachsen und Blumen zum Blühen. Er entzündet die Funken, die das Feuer entfacht. Er ist die unsichtbare Kraft, die den Wind zum Wehen bringt. Der Tempel der Erde macht Raupen zu Schmetterlingen und Affen zu Menschen. Der Tempel bewegt Zeit und Raum. Er wacht über den Fortbestand des Lebens. Er ermöglicht es, dass sich Leben entwickelt und weiterentwickelt zu etwas Besserem, etwas Schönerem, etwas Intelligenterem und Stärkerem. Der Tempel ist das Herz der Erde. Sollte er eines Tages nicht mehr bestehen, so wird die Zeit im Stillstand verharren.

Doch alle tausend Jahre braucht der Tempel einen Hüter. Alle tausend Jahre braucht der Tempel ein Geschöpf, das ihn in seinem Tun lenkt, um ihm zu zeigen, was die Erde in den nächsten tausend Jahren braucht.

Der Heilige Tempel bewegt die Zeit. Er lässt das Wasser in Flüssen laufen. Er bringt Bäume zum Wachsen und Blumen zum Blühen. Er entzündet die Funken, die das Feuer entfachen. Er ist die unsichtbare Kraft, die den Wind zum Wehen bringt. Der Tempel der Erde macht Raupen zu Schmetterlingen und Affen zu Menschen. Der Tempel bewegt Zeit und Raum.

Und nun hat der Tempel wieder eine Hüterin. **«**

Steckbrief
FELIX HARTMANN

»Weißt Du, wie es sich anfühlt, wenn Liebe nicht erwidert wird?«

Altersempfehlung ab 14 Jahren

Wohnhaft in Deutschland/Sachsen-Anhalt

Alter beim Schreiben des Textes 19 Jahre

Geburtsjahr 1995

Hobbys Tiere, lesen, schreiben, Sport

Berufswunsch Biologe

Wie es zu diesem Text kam Verarbeitung von Gefühlen

*Weißt Du,
wie es sich anfühlt, wenn
Liebe nicht erwidert wird?*

Sie war vor längerer Zeit eingeschlafen, doch nun musste er sie wecken. Langsam und behutsam.
Allmählich, noch ganz betäubt, begann sie zu erwachen.
Als er sah, wie sie sich regte, durchfuhr ihn ein Kribbeln, ein Kribbeln, das seinen ganzen Körper einnahm, ihn vollständig ausfüllte. Die Körperteile, die ihr am nächsten waren, ihre Wärme spürten, waren von diesem unsagbar schönen Gefühl am meisten betroffen.
Noch etwas schlaftrunken begann sie sich weiter zu regen, leicht zuckten ihre Glieder. Ihre Bewegungen waren noch vom Schlaf betäubt und daher ruckhaft. Sie formte einen Ring, dann streckte sie sich in ganzer Länge. Rhythmisch ließ sie ihre Glieder tanzen, um dem Schlaf zu entkommen.
Doch der Schlaf ließ sich nicht so leicht abschütteln, trotz all ihrer Bewegungen entging ihm ihre Schlaftrunkenheit nicht.

Er hätte sie nur allzu gerne weiterschlafen lassen, erholen von den Strapazen der letzten Tage.

Aber er wollte sichergehen, dass niemand sie ihm genommen hatte. Er liebte sie einfach, so wie sie war. Der Rumpf breit, die Glieder lang und alles in allem etwas zu klein, um vollkommen zu sein. Sie war nicht perfekt, aber diesen Anspruch hätte er nie erhoben. Denn nur sein Glück und das Unglück eines anderen hatte sie ihm in die Hände gespielt. Nie hätte er erwartet, noch einmal dieses magische Kribbeln zu spüren. Nun durfte er es ein ganzes Leben lang mit ihr spüren. Es war ein Glück, dass er nicht begreifen konnte und doch wusste er, wie viel wert es war. Unbezahlbar war dieses eine Gefühl, genau wie sie ein unbezahlbares Gut war, dass er nie, nie mehr missen wollte.

Die Taubheit ließ nach und mit zunehmender Wachheit zierte sie sich, ihre Bewegungen so stürmisch und kraftvoll auszuführen. Die Bewegungen wurden graziler, feiner, anmutiger und bestimmbarer.

Das Kribbeln ebbte ab, je mehr sie erwachte. Das Gefühl des Glücks und der Freude blieb. Er sah sie mit forschendem Blick an. Ruhig lag sie vor ihm, doch ihre Wachheit war unverkennbar. Sie signalisierte ihm, dass sie nun wieder für ihn da sei. Der Schlummer, der so tief gewesen war, hatte geendet. Sie liebte ihn ebenso, er hatte sie vor dem sicheren Tod bewahrt und ihr das Leben geschenkt. Das größte Unglück war ihr widerfahren, doch er hatte daraus Glück gemacht. Dieses Glück hatte sich in jeder Zelle angelagert und das spürte sie.

Er war so wunderbar. Sie war so wunderbar, seine neue transplantierte Hand. Nun, da sie ganz wach geworden, ballte er sie mit aller Kraft und streckte sie empor.

„Von der Hand zur Faust, möge mein neues Glück auch morgen noch bestehen." **《**

69

Steckbrief
LAURA MAZLLAMI

»Der Albtraum«
Altersempfehlung ab 12 Jahren

Alter beim Schreiben des Textes 14 Jahre

Geburtsjahr 2001

Klassenstufe 9

Hobbys Schreiben, Freunde treffen

Berufswunsch Streetworker, Journalist

der Albtraum

Es ist Nacht,
ich liege wach,
in meinem Kopf herrscht ein gewaltiger Krach.

Ich versuch wieder Frieden
in meinem Kopf zu kriegen,
doch der Krach ist am Siegen.

Ich mach meine Augen zu,
komm aber nicht zur Ruh.
Ich versuche mich zu entspannen,
fühle mich aber befangen.

Irgendwas beschäftigt mich.
Ich weiß nicht, was es ist.
Ist es ein Riss?
Ich will, dass es weggeht, dieser Mist.

Ich fang an nachzudenken.
Hab das Gefühl zu ertrinken.
Ich schlafe kaum,
denn ich habe Angst vor dem Traum.

Ich träume von mir und dir,
alles spielt im Hier.
Es fühlt sich so wirklich an.

Wir erleben viel.
Wir haben zusammen ein Ziel.
Wir wollen mehr zusammen machen,
ganz viele verschiedene Sachen.

Vater und Kind,
eine neue Zeit beginnt.
In der Traumwelt
bist du mein Superheld.

Ich will nie wieder aufwachen,
doch irgendwann muss ich es machen.

Ich wache auf,
du bist nicht da,
doch der Traum wirkte so wahr,
es ist furchtbar.

Der Traum verfolgt mich jede Nacht,
bis ich erwach.

Der Traum ist der Mist,
er macht in meinem Herzen einen Riss.
Er macht den Krach,
jede Nacht.

Ich brauche dich,
du brauchst mich,
doch du bist hier nicht.

Papa, ich brauche dich hier
bei mir.
Dann hab ich einen Held
in meiner Welt.

Ich schließe meine Augen nicht,
denn dann sehe ich dich und mich.

Papa, du bist mir wichtig,
nun sag mir, ist es richtig?
Ich denke nur an dich,
du bist mein Licht.

Mein Licht im Dunkeln,
mein Funkeln.
Mein Licht in der Not,
wenn mir jemand droht.

Du bist nie da,
doch das ist nicht wahr.
Du bist in meinen Träumen.

Du bist in meinem Kopf,
du bist in meinem Herz,
auch wenn es schmerzt.

Ich will diesen Alptraum nicht haben,
ich will einfach nur schlafen. «

Steckbrief
MARIE-CHRISTINE FINK

»Leben auf Zeit«
Altersempfehlung ab 16 Jahren

Wohnhaft in Deutschland/Bayern

Alter beim Schreiben des Textes 15 Jahre

Geburtsjahr 1999

Klassenstufe 10

Hobbys Schreiben, lesen, Musik hören

Berufswunsch Historikerin, Autorin

Wie es zu diesem Text kam Auseinandersetzung mit dem Tod

Sonstiges Mein Wunsch ist es, den Menschen die Wertschätzung des Lebens aufzuzeigen.

Leben auf Zeit

Früher oder später beginnst du deinen Lebensweg zu wählen. Beendest du deine Schule oder nicht? Isst du wie jeder normale Mensch oder bevorzugst du die chemische Variante, bestehend aus: Morgenpille, Mittagspille, Nachmittagspille, Abendpille und Nachtpille?

Mir wurde diese Entscheidung bereitwillig von meiner Begleiterin abgenommen. Ich hatte sie Miss Independence getauft. Vermutlich würden mir alle Deutschlehrer und Grammatikfreaks mit erhobenem Zeigefinger entgegenkommen und darauf bestehen, dass ich meine Begleiterin bei ihrem maskulinen Stamm belasse, aber ich fand den Namen eindeutig stilvoller als Krebs.

Wer kommt überhaupt auf die Idee, eine meist unheilbare Krankheit mit diesem doch relativ schönen Namen zu betiteln. Krebse haben doch etwas Beruhigendes, wenn sie sich seitwärts aufs Meer zubewegen und darin verschwinden, um auf die nächste Welle zu warten, die sie auf einen Felsen oder ans Land treibt. Aber vielleicht ist genau das der Grund. Klein, hinterlistig, läuft quer durch dein Leben und versinkt in den Tiefen deiner Zell'schen-Ebene. K-R-E-B-S.

Kraft. Revolution. Emanzipation. Begreifen. Stärke.

So würde wohl meine Definition lauten. Mit meinen 5 % Lebenschance würde ich mich als optimistischer Sterbefall bezeichnen. Krankheit. Resignation. Ergeben. Bedauern. Selbstmitleid.

So sah mein Leben zu Anfang aus. Ich war ein bemitleidenswertes Häufchen Elend. Wahrscheinlich bin ich das immer noch. Der Unterschied ist nur ... ich gestehe es mir nicht ein. Mein Unterbewusstsein lehnt sich entspannt zurück und pfeift eine fröhliche Melodie, während die gutartigen Medikamente durch meine Blutbahnen fluten und mit Pfeil und Bogen auf Miss Independence losgehen wollen. Diese hat sich nur leider schon fortgepflanzt und will natürlich für ihre Sprösslinge eine gute Erziehungsperson abgeben.

Hach ja, es lebe der Mutter-Instinkt.

Doch eins weiß ich genau und habe es mit einem Textmarker auf meiner imaginären „To-Do-Liste" in knallgrün angestrichen: Auch wenn die Schmerzen jeden Tag unerträglicher, die Chancen immer geringer werden und die Sekunden wie Jahre erscheinen, weiß ich, dass es sich nicht lohnt, die Rüstung abzulegen und das Schwert in den Waffenschrank zu hängen. Sollen sich kleine Mitbewohner auf Leber und Niere niederlassen und dort wie im Sandkasten kleine Burgen errichten, aber mein Herz ist mein Heiligtum.

Mein. Herz. Wird. Schlagen.

Gliom-Tumore sind Arschlöcher. Vor allem meiner. Er sitzt oberhalb des Großhirns und des anschließenden Hirnstammes. Ziemlich ungünstig. Sobald sich das Tumorgewebe erweitert, drückt es auf meinen bereits angeschlagenen Sehnerv und ich bin praktisch blind. Jede Aufregung stellt eine enorme Belastung für meinen Vitalkreislauf dar.

Dr. Hoop, der behandelnde Arzt, gehört zu meinen engsten Vertrauten. Hoop bedeutet im Afrikanischen so viel wie Hoffnung. Und das ist er wirklich, meine letzte Hoffnung. Ich rechne ihm seine stetig gute Laune und die tröstenden, jedoch ehrlichen Worte hoch an. Außerdem die ewig langen Nächte, welche er opfert, nur um einen letzten Lösungsansatz für den nie eintretenden Heilungsprozess zu finden. Er wird scheitern.

Egal welche Spezialisten noch auf mich angesetzt werden, egal welche Medikamente in mich gepumpt werden: Früher oder später werde ich an den Folgen der schmerzhaften Therapien verrecken. Meiner Ansicht nach befinde ich mich bereits in der ersten Sterbephase: Wut. Wut über mich und meinen kranken Körper.

Chemo, Strahlentherapie, Chemo. Wozu habe ich das alles mitgemacht? Nur um mein Dasein als Frau mehr und mehr zunichtezumachen? Worin besteht denn die Weiblichkeit im äußeren Erscheinungsbild, wenn nicht aus langen, gesunden Haaren, Wimpern, Augenbrauen und einer gewissen Oberweite? Der Krebs hat mir alles genommen. Bereits nach dem dritten Chemosatz fielen mir die Haare büschelweise aus. Erst entschloss ich mich dazu, das mir übrig gebliebene Haar zusammenzubinden, jedoch erschien selbst das als armselig, also rasierte ich mir den Schädel, ebenso wie die löchrigen Augenbrauen komplett ab. Eine Zeit lang gab ich mir Mühe, dies durch diverse Schminktechniken zu ersetzen, nachdem ich die Prognose, noch ein zweiwöchiges Leben führen zu können erhielt, gab ich auch das auf.

Der letzte Halt besteht aus meinem Verlobten Riley. Viele Menschen werden ihre subjektive Meinung darüber behalten, dass es mit 18 Jahren für eine potentielle Heirat zu früh ist. Eine Frage an euch Genies und Möchtegern-Rechtsexperten: Wie viele Tage bleiben euch auf dieser ungnädigen Welt?

Seufzend richte ich mich auf, der Port unterhalb meines Schlüsselbeins juckt seit drei Tagen. Auf die simple Nachfrage, warum das so sei, habe ich die unqualifizierte Antwort der Oberschwester: „Ich weiß es nicht, wir fragen einen Arzt", erhalten. Wohlgemerkt warte ich seit 72 Stunden auf eine aufschlussreichere Antwort. Selbst das ist mir nicht vergönnt! Das Klopfen an der massiven Holztür lässt mich aufhorchen.

Mit einem unstimmigen „Herein!" verstecke ich die meisten Kabel, welche aus meinem Körper hinaus- oder hineinführen unter der unerträglich sterilen Decke und richte meine Wirbelsäule leicht auf.

„Hallo Prinzessin!" Rileys dunkelbraune Augen blicken funkelnd auf mich herab, als er sich über mich beugt, um mir einen gefühlvollen Kuss auf die Stirn zu drücken. In der einen Hand hält er eine Schachtel meiner Lieblingspralinen, in der anderen die Tageszeitung. Gemächlich setzt er sich auf einen der Besucherstühle und sieht sich um.

„Ja, wo ist die Fröhlichkeit, ja, nirgends ist die Fröhlichkeit", kommentiere ich seine Geste in gehobener Stimme und lasse mich gereizt zurücksinken.

„Da hat aber jemand gute Laune", stellt er amüsiert fest und reicht mir die fein verpackte Miniaturschokolade. Genüsslich lege ich mir ein Teilchen auf die Zunge und spüre die Explosion der Geschmäcker in meinem Mundraum. Definitiv himmlisch!

„Hey, deine Werte sind heute ja super!", stellt er mit einem Blick auf meine Patientenakte fest.

„Jaja ... kannnscho..sei ...", nuschle ich mit vollem Mund und widme mich dem nächsten, köstlichen Kunstwerk.

„Na siehst du, es hat sich um einen Teelöffel verbessert und wenn du so weitermachst, können wir bald von einem Esslöffel ausgeh ..."

„Du hast keine Ahnung", unterbreche ich ihn unwirsch und knalle die Papierverpackung auf den bereits beladenen Nachttisch.

„Hör auf damit", müde fährt er sich über das eingefallene Gesicht.

Normalerweise würde ich ab diesem Moment meine vorlaute Klappe halten, mich entschuldigen und weiter Schokolade fressen, aber ich kann nicht. Die Wut überwiegt und auch wenn es unfair erscheint, muss ich Dampf ablassen. Jetzt.

„ES IST MEIN KREBS."

„Nein, das ist er nicht. Es handelt sich hierbei um eine definierte Krankheit." Riley greift unbeteiligt nach der Tageszeitung und blättert sie auf.

„NEIN, DU HAST KEINE AHNUNG VON MEINER KRANKHEIT!", kreische ich hysterisch und richte mich ruckartig auf. Dies wird mit einem stechenden Kopfschmerz bestraft.

Er senkt das bedruckte Papier und sieht mich mitleidig an: „Mit „deiner" Krankheit laufen draußen auf dem Flur zwanzig andere herum. Also stell dich jetzt nicht als Einzelfall dar."

Die neutralisierte Stimmung, welche er ausstrahlt, birgt unheimliche Ernüchterung.

„Du verstehst nichts", zische ich leise und ziehe die Decke höher.

„Natürlich", murmelt er zustimmend und liest weiter.

Ich weiß, es ist unfair, ihn so zu behandeln. Ich weiß, in wie vielen Punkten er mich bereits unterstützt hat und dennoch schaffe ich es nicht, meine Emotionen verschlossen zu halten. Es tut weh, schwach und machtlos zu sein. Es schmerzt mehr, als die Prozeduren, welche ich durchleben muss.

Heute sind genau zwei Wochen vergangen. Mein Körper ist schwach. Ich kann mich nur noch im Bett aufhalten. Mein Augenlicht ist erloschen, der Tumor liegt mittlerweile direkt auf dem Sehnerv. Riley ist seit einiger Zeit neben mir und hält meine kühle Hand. Ich habe Angst. Jede Minute kann meine Atmung versagen und ich werde jämmerlich anhand des Luftmangels zugrunde gehen. Eine undefinierbare Metastasenstreuung hat im Herzbereich sowie an den Schilddrüsen stattgefunden. Der letzte Chemosatz ist eine Woche her und hat mich zusätzlich geschwächt.

„Babe?", die Stimme meines Verlobten klingt gepresst.

„Nicht ...", sanft wischt er die erste Träne von meiner, durch das Cortison aufgeblähten Wange.

„Ich will nicht sterben." Die Vorstellung, in wenigen Stunden nicht mehr auf dieser Welt vertreten zu sein, ängstigt mich.

„Ich erzähle dir eine Geschichte ...", seine Worte kommen gepresst und werden immer wieder von kleinen Schluchzern unterbrochen.

„Meine Oma hat mir erzählt, dass ...", er unterbricht. Ich spüre seine Locken auf meinem Handrücken.

„Entschuldige ...", fährt er wimmernd fort.

„Sie hat mir erzählt, dass jeder Mensch, der von dieser Erde geht, einen winzigen Farbfleck im Regenbogen ausmacht. Er erscheint immer, wenn Trauer, also Regen, auf schöne Erinnerungen, die Sonne, trifft. Der Regenbogen symbolisiert die Nähe, welche wir mit dem Tod teilen."

„Das heißt, wenn ich in einigen Stunden nicht mehr bei dir bin, entsteht ein Regenbogen?"

„Wenn ich es über mich bringe, an einer schönen Erinnerung festzuhalten", sein Schluchzen schmerzt mehr, als die Nadeln, welche unter meiner Haut liegen. Vorsichtig taste ich nach seiner Stirn und streichle liebevoll mit dem Daumen in kreisenden Bewegungen darüber. „Ich werde dich vermissen, Riley."

Mit diesen Worten erschlaffen meine überanstrengten Glieder. Nach Luft japsend versuche ich mich, auf die andere Seite zu drehen. Schwindel übermannt mich und dann hört mein Herz, ganz plötzlich auf zu schlagen.

Ich kann nicht mehr, als auf ihren leblosen Körper zu starren. Sie ist gegangen. Tränen suchen sich den Weg aus meiner überfüllten Drüse.

„Endlich hat sie es geschafft", murmelt die Oberschwester und prüft ein letztes Mal Puls und EKG.

„Ist sie tot?"

Auch wenn die Frage irrelevant und dümmlich erscheinen mag: Ich kann es einfach nicht wahrhaben, obwohl ich es doch eigentlich weiß.

„Ja, sie ist von uns gegangen. Mein Beileid." Sie drückt kurz meine zitternde Hand und legt dann eine dünne Decke über den Leichnam.

„Wir wollten heiraten." Ich beginne zu lachen. Laut und unkontrolliert.

Mitleidig schließt sie mich in ihre starken Arme. Ich verschlucke mich, huste und beginne fürchterlich zu weinen.

„Glauben sie mir: Dieses Leben, es war nicht mehr lebenswert."

„Aber sie hatte mich ..."

„Nur deswegen wurde sie so lange gehalten. Ihre Liebe hat besser geholfen als jedes Medikament. Doch gegen den Tod kann keiner gewinnen. Man kann ihn nur erträglich machen." ((

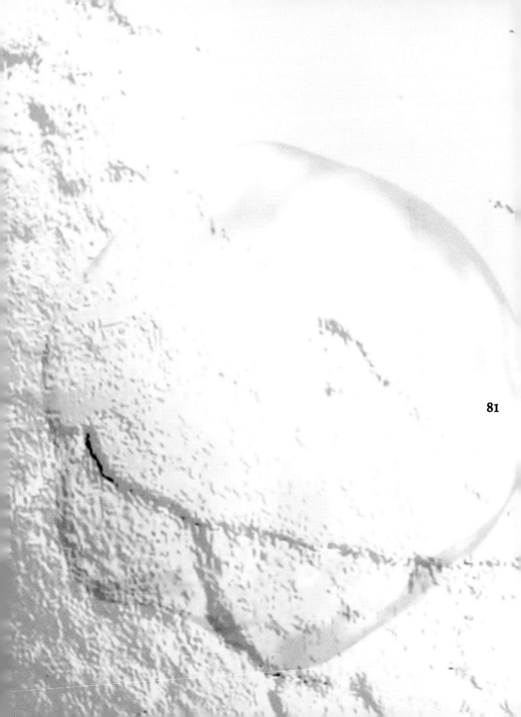
81

Steckbrief
LISA KRUBECK

»Lebensweisheiten«
Altersempfehlung ab 14 Jahren

Wohnhaft in Deutschland/Berlin

Alter beim Schreiben des Textes 14 Jahre

Geburtsjahr 2000

Klassenstufe 10

Hobbys Reiten, Schauspiel (Theater, Musical), Geschichten schreiben

Berufswunsch Etwas im pharmazeutischen Bereich

Wie es zu diesem Text kam Meine Familie, meine Freunde "nerven" mit Lebensweisheiten.

„Lebensweisheiten"

Lebensweisheiten, es gibt sie an jedem Ort.
Davon vergisst man nicht ein kleines Wort.
Sie leuchten von Plakaten auf uns hinab,
denn Platz dafür wird niemals zu knapp.

Lebensweisheiten, die sind überall zu hören,
auch wenn diese nur noch stören.
In der Schule, man hört schon nicht mehr zu,
auch Zuhause hat man keine Ruh.

„Gib jedem Tag die Chance, der schönste deines Lebens zu werden!"
Dieser Spruch verewigt Mark Twain für immer auf Erden.
Aber ehrlich, warum hört man auf das, was ein toter Mann sagte?
Gibt es denn niemanden, der diese Weisheit hinterfragte?

Philip Rosenthal wollte nicht ohne Lebensweisheit sterben.
„Wer glaubt, etwas zu sein, hat aufgehört, etwas zu werden!"
Doch warum sollte ich jemand anderes sein sollen, als ich bin?
Also ergibt Rosenthals Aussage überhaupt keinen Sinn.

Auch Sprüchen wie Folgenden, sollte man nicht ohne weiteres trauen:
„Auch aus Steinen, die dir in den Weg gelegt werden,
kannst du dir etwas Schönes bauen!"
Da frage ich mich wirklich, was Erich Kästner sich da dachte,
und wie er diese Weisheit zu einer Berühmtheit machte!

Auch Aristoteles ließ es sich natürlich nicht nehmen,
selbst er musste seine Sprüche zum Besten geben.
„Der Anfang ist die Hälfte des Ganzen", sprach der Mann,
doch dies ist etwas, was gar nicht stimmen kann!

„Wer dein Schweigen nicht versteht,
versteht auch deine Worte nicht!"
Der Autor dessen verbirgt gekonnt sein Gesicht.
Diese Weisheit nehm ich so nicht hin,
ich denke, dass ich da nicht die Erste bin!

Lebensweisheiten, die haben oft keinen besonderen Sinn,
darum bitte ich jeden, nehmt diese nicht einfach so hin.
Aber ist es nicht schön, sich hinter Sprüchen zu verstecken,
Und seine Taten mit netten Worten zu bedecken?

Lebensweisheiten, die sind schnell erfunden,
lassen sich gut und schnell bekunden.
Nun, hier ist eine, hört zu:
„Über die Weisheit im Leben bestimmst nur du!" ❬❬

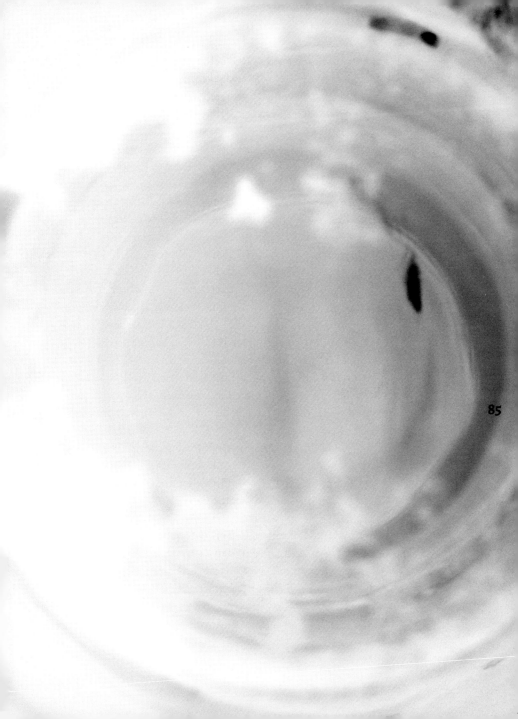

85

Steckbrief
ROBIN SCHNEEGANS

»Die Rache der Silberwölfe«
Altersempfehlung ab 12 Jahren

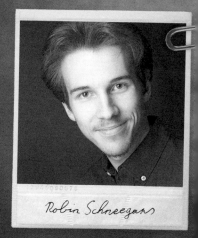

Wohnhaft in
Deutschland/Nordrhein-Westfalen

Alter beim Schreiben des Textes
17/18 Jahre

Geburtsjahr
1997

Hobbys
Geschichten schreiben, zeichnen/malen, Gedichte, Sport (Golf, Bowling)

Berufswunsch
Industriekaufmann, Schriftsteller

Wie es zu diesem Text kam
Seit vielen Jahren interessiere ich mich für Fantasy-Geschichten. Da ich auch Wölfe sehr mag, kam ich auf die Idee, über diese eine Fantasy-Geschichte zu schreiben.

DIE RACHE DER SILBER WÖLFE

Es war früh am Morgen, als unser Rudel endlich das Ziel erreichte, welches wir gesucht hatten. Der Anführer des Rudels sagte zu uns: „Hier, meine Freunde, ist es, wir sind angekommen."

Und es war wirklich so! Am Fuße eines riesigen Wasserfalls, zwischen hohen und saftig grünen Bäumen, weit weg von den Menschen, ist nun unsere neue Heimat, da unsere alte Heimat von den Menschen zerstört wurde. Unser Rudel besteht aus zwölf Wölfen, einer davon ist der Anführer. Jeder sollte sich zwei Partner aussuchen, mit denen man jagen kann und sich gegenseitig unterstützt. Mein Team bestand aus meinem Bruder Grey, unserem Freund Dust und mir, Silver. Nach ein paar Stunden, als wir uns an die neue Heimat gewöhnt hatten, sagte unser Anführer Blackstar, dass wir uns auf die Jagd begeben sollen, um für Verpflegung zu sorgen. Somit machten sich alle Dreierteams auf die Jagd. Am Abend kamen alle wieder und hatten viel Erfolg, sodass alle zwölf Mitglieder heute genug zu essen hatten. Es war ein ruhiger Abend, also unterhielten sich alle Rudelmitglieder über unsere neue Heimat. Kurz bevor alle Mitglieder des Rudels schlafen gingen, sagte Blackstar noch: „Habt eine erholsame Nacht." Kurze Zeit später war es in unserem Territorium still, aber man hörte noch das Rauschen des Baches. Aber – am nächsten Morgen kam alles anders als geplant.

Wir wurden durch ein lautes Heulen geweckt, und sofort gingen alle Wölfe diesem Laut nach, um zu gucken, was passiert sei. Es war ein Mitglied des Rudels!

Ich fragte: „Was ist passiert?"

Storm war es, der geheult hatte und gab uns als Antwort: „Unser Anführer Blackstar ist spurlos verschwunden!" Als Storm dies sagte, waren alle Mitglieder des Rudels entsetzt.

Mein Bruder Grey meinte: „Wir müssen unseren Anführer suchen!" Kurz nachdem er dies sagte, rief ein Mitglied: „Hier drüben sind Spuren!"

Alle Wölfe liefen zu Lightning hin, um sich zu vergewissern, ob er tatsächlich Spuren entdeckt habe. Zu unserem Glück bewahrheitete es sich wirklich, Lightning hatte Spuren gefunden. Diese führten sehr tief in den Wald, aber es waren nicht nur Spuren von Blackstar, sondern auch von einem Menschen, der offensichtlich die ganze Zeit, als wir schliefen, hinter einem hohen Gesträuch versteckt saß und wartete, bis Blackstar sich von unserem Territorium entfernte.

Lightning sagte daraufhin: „Wir müssen Blackstar retten!"

Sofort machten wir uns auf den Weg tiefer in den Wald, um Blackstar zu retten. Wir folgten seiner Spur schon seit drei Stunden, aber immer noch war kein Anzeichen von Blackstar oder dem Menschen zu sehen. Langsam wurden wir müde und machten deshalb Pause auf einer Lichtung, wo der goldene Sonnenschein auf den Boden schien. Um uns herum war ein sehr dichter Tannenwald, der das Sonnenlicht nur sehr schwach durchdringen ließ, weil eben die Tannen sehr eng beieinander standen. Auf der Lichtung, wo wir Pause machten, floss noch ein kleiner Bach, an dem wir trinken konnten.

Nach einer kurzen Pause rief Grey: „Freunde, wir haben jetzt genug gerastet, los kommt, wir gehen weiter!"

Also machten wir uns wieder auf den Weg, aber jetzt wurde es für uns noch gefährlicher. Nachdem wir lange gelaufen waren, kam jetzt etwas

Gefährliches für jeden Wolf im Rudel. Vor uns lag eine lange und sehr tiefe Schlucht, am Boden ein reißender Fluss, der jeden, der dort reinfällt, mit seiner Strömung verschlingt. Das war aber nicht das einzige Problem, ein weiteres war ein umgestürzter Baum, der sehr glatt und rutschig erschien, und diesen Baum mussten wir zu unserem Pech überqueren, um weiterzukommen. In dieser Schlucht, wo wir standen, haben schon viele Tiere und Menschen ihr Leben verloren, weil sie von dem Baumstamm abgerutscht und abgestürzt sind.

Grey sagte zu uns: „Wir müssen diese Schlucht überqueren, damit wir weiterkommen."

Alle Wölfe erstarrten. Als erster ging nicht Grey, Dust oder einer der anderen, sondern ich, Silver.

Ich sagte zu meinem Bruder: „Grey! Ich werde diese Schlucht als erster überqueren."

Grey antwortete: „Ok Silver, aber bitte, pass auf."

Er sagte dies in einem sorgenvollen Ton. Also bewegte ich mich langsam und vorsichtig auf dem Baumstamm über die tiefe Schlucht, und am Ende kam ich unversehrt auf die andere Seite. Einige Minuten später kam Grey auch auf die andere Seite und war total froh, dieses Hindernis überwunden zu haben. Kurze Zeit später waren alle Wölfe, bis auf einen, auf der anderen Seite. Lightning war es, der sich als Letzter noch nicht getraut hat, und Grey rief zu ihm rüber: „Na los Lightning, wir warten hier auf dich!"

Lightning antwortete: „Ok, ich komme, aber bitte bleibt in der Nähe am Ende dieser Schlucht." Nachdem Lightning dies sagte, balancierte er langsam auf die andere Seite.

Aber – kurz bevor er an der anderen Seite der Schlucht, wo wir alle standen, ankam, rutschte er ab und fiel von dem Baumstamm.

„Lightning!!", rief ich und rannte zur Schlucht und sah, dass Lightning sich noch an einem Ast, welcher aus der Steilwand hing, festhielt. Ich rief zu allen anderen: „Kommt schnell! Helft mir, Lightning zu retten!"

Alle Wölfe kamen hierhin gerannt. Plötzlich brach der Ast ab, doch bevor Lightning abstürzte, schnappte ich ihn mir mit meinen Zähnen und zog ihn hoch. Die anderen zogen an meinem Schwanz, und zum Glück retteten wir Lightning vor dem sicheren Tod. Grey fragte Lightning, ob alles in Ordnung sei, worauf Lightning atemlos antwortete: „Ja, es ist alles in Ordnung, und danke Silver, dass du sofort gekommen bist."

„Kein Problem, Lightning!", antwortete ich.

Als dieser schlimme Zwischenfall vorbei war, gingen wir alle weiter. Langsam wurde es Nacht und Storm schlug vor, dass wir rasten sollten, um am nächsten Tag ausgeschlafen zu sein und frisch weiterreisen zu können. Alle Wölfe stimmten zu, also schliefen wir in dieser Nacht.

Am nächsten Morgen jedoch wurden wir durch einen lauten Schrei geweckt. Wir hörten, wie jemand schrie: „Helllft mir!" Es war kein Wolf aus unserem Rudel, also rannten wir in die Richtung, aus der dieser Schrei erschallte, um herauszufinden, wer um Hilfe geschrien hatte. Dabei aber waren wir sehr vorsichtig, denn man weiß nie, ob es ein echter Hilferuf ist oder ob es doch vielleicht eine Falle ist. Kurze Zeit später sahen wir einen schwerverletzten Wolf auf dem Boden liegen.

Ich fragte Lightning: „Ähm Lightning , ...", aber bevor ich meinen Satz beenden konnte, sagte Lightning, dass er es selber sehe und meinte: „Silver, bleib du bei den anderen, ich guck mir es an." Dieser Wolf, den wir gefunden hatten, trug ein schwarzes Fell, an den Knien war es weiß, seine Pfoten waren rot und ein roter Strich zierte seine Nase.

Als Lightning sich den schwarzen Wolf ansah, rief er zu mir: „Silver, kannst du mal bitte kommen?"

Ich lief zu Lightning und fragte, was los sei.

Er zeigte auf das Ohr dieses Wolfes und fragte mich: „Silver, hast du schon einmal so ein Zeichen gesehen?"

Ich antwortete daraufhin: „Nein, so etwas hab ich noch nie gesehen, Lightning."

Anschließend rief Lightning zu den anderen Rudelmitgliedern: „Kommt alle her! Hier ist keine Falle, nur ein schwarzer Wolf, welcher schwer verletzt ist." Nun kamen alle anderen zu uns, um sich den verletzten Wolf anzuschauen.

Kurze Zeit später sagte Dust: „Wir sollten ihm helfen, damit er ganz schnell wieder gesund wird und weiterlaufen kann."

Alle Wölfe stimmten diesem Vorschlag zu, Grey sagte dann noch: „Ok, wir müssen sechs von uns losschicken, um Heilkräuter zu finden, die anderen fünf bleiben hier." Nun begaben sich sechs von uns auf die Suche nach Heilkräutern, da wir wussten, dass diese Kräuter Wunder bewirken können. Die fünf übrigen Wölfe, die bei dem schwarzen Wolf blieben, waren Lightning, Dust, Grey, Storm und ich, Silver. Nach zwei Stunden kamen die anderen wieder und siehe da: Sie haben alle Heilkräuter gefunden. Sofort begannen wir mit der Anwendung der Kräuter und Lightning befahl: „Legt die Kräuter auf die verwundeten Stellen und umwickelt sie mit Moos, damit sie nicht abfallen." Wir folgten seinen Anweisungen und gaben dem schwarzen Wolf noch zusätzlich ein Kraut zu essen, damit er wieder Kraft sammeln konnte.

Kurze Zeit später machte der schwarze Wolf die Augen auf und sah uns Silberwölfe. Nun fragte er: „Wer seid ihr? Und habt ihr mir geholfen?"

„Ja!", antwortete Dust. „Wir haben dich hier liegen sehen und halfen dir."

Anschließend antwortete Lightning noch: „Wir sind Silberwölfe und grad auf dem Weg, unseren Anführer zu retten."

Der schwarze Wolf fragte, ob er uns vielleicht helfen könne. Lightning überlegte kurz und erlaubte dem schwarzen Wolf, uns zu helfen. Als er dies hörte, war der schwarze Wolf glücklich und fragte anschließend: „Wann gehen wir los?"

„Nicht mehr heute", erwiderte Lightning. „Weil du noch verletzt bist und es schon dunkel ist, werden wir morgen aufbrechen.

In dieser Nacht schliefen wir alle gemeinsam dort, wo wir den schwarzen Wolf fanden. Am nächsten Morgen weckte uns Lightning auf und sagte: „Wir müssen nun weitergehen." Alle Wölfe standen auf. Ich sagte zu dem schwarzen Wolf: „Warte, deine Verletzungen sind nicht mehr so stark, glaubst du, dass du aufstehen kannst?"

„Ich werde es versuchen", sagte der schwarze Wolf. Zu unserem Glück konnte er es. Lightning sagte: „Bevor wir aufbrechen, würde ich gerne wissen, wie du heißt." Der schwarze Wolf antwortete: „Ich heiße Echo."

„Nun gut, wir brechen auf!", sagte Lightning, also gingen wir alle gemeinsam mit unserem Neuzugang Echo weiter, um Blackstar zu retten. Dust und ich gingen neben Echo her, da seine Verletzungen noch nicht komplett geheilt waren und er leicht angreifbar war. Nach einem langen Marsch sahen wir in leichter Ferne eine Blockhütte, die inmitten des Waldes stand. Wir schlichen uns näher heran, um herauszufinden, wessen Hütte das ist.

Als wir in die Nähe der Hütte kamen, hörten wir, wie eine Tür knarrend aufging. Auf einmal blieben wir alle vor Schreck stehen und huschten schnell zwischen Büsche. Aus dieser Blockhütte kam ein Mensch heraus, der einen Wolfspelz als Jacke trug. Echo flüsterte uns leise zu: „Dieser Mensch dort drüben ist ein Wolfsjäger, ich weiß das, weil meine Eltern, als ich noch ein Wolfswelpe war, von einem Jäger erschossen wurden."

Ich fragte Echo anschließend: „Oh das tut mir sehr leid für dich, was ist danach passiert?"

Echo antwortete: „Das werde ich euch später erzählen, aber nicht jetzt." Nachdem Echo dies sagte, guckten wir alle langsam um den Busch herum, um uns zu vergewissern, ob wir aus unserem Versteck kommen konnten. Zum Glück war der Jäger weg, also schlichen wir vorsichtig weiter und gingen in die Blockhütte, deren Tür der Jäger aufgelassen hatte. Aber, als wir in der Hütte waren, konnten wir unseren eigenen Augen nicht trauen und blieben kurz stehen. Das, was wir hier sahen, war schrecklich! Überall hingen Pelze von Tieren, die der Jäger getötet hatte! Wir blieben nicht lange so steif stehen, denn aus dem Nebenzimmer hörten wir ein Geräusch. Also gingen wir in dieses Nebenzimmer um zu gucken, was dieses Geräusch verursachte. Plötzlich, als wir eintraten, saß vor uns unser Rudelführer Blackstar! Er war angekettet. Zum Glück aber war der Hals nur mit einer Ledermanschette gefesselt. So konnte Lightning das Leder durchbeißen und Blackstar befreien. Dust wollte vor Freude losheulen, aber Lightning warnte ihn: „Nein! Nicht heulen! Willst du, dass der Jäger uns hört?"

„Nein, auf keinen Fall!", erwiderte Dust. Nachdem wir Blackstar befreit hatten, liefen wir aus der Blockhütte, als plötzlich der Jäger vor uns auftauchte.

Wir blieben alle vor Schreck stehen und Grey rief aufgeregt „Das ist grad nicht passend."

„Blackstar, was sollen wir machen?", fragte ich.

Blackstar gab darauf die Antwort: „So wie es aussieht, müssen wir uns jetzt verteidigen. Wartet auf mein Zeichen!"

Als der Jäger uns sah, machte er das, was jeder Jäger tun würde: Er zückte sein Gewehr, um uns zu töten, als Blackstar rief: „Jetzt! Los!" Kurz darauf griffen wir allesamt, auch Echo, den Jäger an, es fielen Schüsse um Schüsse –

Aber dann war es still. Wir hatten den Jäger besiegt, wir bissen ihn stark, aber es gelang ihm zu fliehen, jedoch mit starken Bisswunden. Als er flüchtete, ließ er sein Gewehr fallen und wir alle waren total glücklich und heulten vor Freude. Kurz nach unserem fröhlichen Heulen ging Blackstar auf uns zu und sagte: „Vielen, vielen Dank euch allen, dass ihr mich gerettet habt. Aber dieser schwarze Wolf, wer ist das?"

Lightning antwortete: „Blackstar, das hier ist Echo. Wir fanden ihn verletzt auf einer Lichtung, aber wir haben ihm geholfen und als Dank half er uns dabei, dich zu retten."

Blackstar ging auf Echo zu und sagte: „Danke, dass du meinen Freunden dabei geholfen hast, mich zu retten."

Echo antwortete: „Das hab ich gern gemacht."

Blackstar fragte Echo, wo er nun hingehen wolle, aber Echo antwortete: „Ich weiß nicht, Blackstar, ich bin schon lange alleine und suche schon seit vielen Tagen ein Rudel, aber niemand wollte mich aufnehmen, weil die Rudelführer befürchteten, dass ich zu gefährlich werden kann für sie."

Blackstar lachte nur und sagte: „Echo, da du geholfen hast, mich zu retten, und keinem anderen etwas angetan hast, frage ich dich hier und jetzt: Willst du mit uns weiterreisen?"

Echo wusste nicht, wie ihm geschah und fragte unseren Anführer: „Wirklich? Meinst du es ernst, darf ich mit euch weiterreisen?"

Blackstar lachte wieder und antwortete: „Ja, ich meine es ernst, und nun, willst du mit uns weiterreisen?"

Echo antwortete voller Freude: „Ja, auf jeden Fall würde ich gerne mit euch weiterreisen!"

Anschließend sagte Blackstar so laut, dass alle es hören konnten: „Echo! Willkommen im Silberwolfsrudel!"

Wir alle waren sehr glücklich, am meisten jedoch Echo, da er nun nicht mehr alleine war. In der Dämmerung dieses Tages gingen wir allesamt mit unserem neuen Rudelmitglied Echo zurück zu unserem Territorium. «

Steckbrief
RAHEL HANDSCHUH

»Leerer Raum«
Altersempfehlung ab 14 Jahren

Wohnhaft in Deutschland/Hessen

Alter beim Schreiben des Textes 16 Jahre

Geburtsjahr 1999

Hobbys Lesen, schreiben, tanzen, spazieren gehen, singen

Leerer Raum

Eine Geschichte vom Vergessen

Ein warmer Sommertag. Die Hitze zermürbt das Gehirn. Alles verschwimmt in gemütlichem Nichtstun, Nichtsdenken. Stöhnend setzt sie sich auf und geht hinein, denn nur verweilen kann sie nicht. Die Arbeit erledigt sich schließlich nicht von alleine. Sie schließt die Tür hinter sich, umrundet den Tisch und stellt sich an die Spüle. Dann lässt sie automatisch das Wasser ein. Sie dreht sich um die eigene Achse, blickt sich verwirrt um: Was wollte sie? Da geht sie weg, die Stirn in Falten gelegt. Sie greift sich die Einkaufstasche. Hört ein Rauschen und denkt sich Nichts dabei. Kurz darauf schlägt die Türe ins Schloss; das Wasser läuft noch. Sie überquert die Straße, guckt dann auf die Tasche: Ah ja, sie wollte ja einkaufen gehen, genau. Das sagt sie sich zweimal. Dann guckt sie beinahe verzweifelt, murmelt leise, dreht sich und singt, um sich zu beruhigen. Sieht dann die Tasche und weiß nicht mehr, wo der Supermarkt ist. Sie hält jemanden an und fragt höflich: „Entschuldigung, wissen Sie, wo ich einen Supermarkt finden kann?"

„Aber Kind, was spielst du denn für ein Spielchen? Du weißt doch genau, wo der Laden ist und überhaupt, seine Tante siezt man nicht."

Da erkennt sie sie, wird rot und redet sich heraus. Ihr fällt aber auch die Spüle wieder ein, darum verabschiedet sie sich schnell und rennt zurück nach Hause. Da merkt sie, dass sie ihren Schlüssel nicht dabei hat. Das ist ungewöhnlich, das passiert ihr sonst nie. Sie klingelt und man lässt sie herein. Schnell rennt sie zum Becken. Etwas Wasser ist schon übergelaufen, aber der Schaden lässt sich noch beheben. Danach geht sie ins Badezimmer und starrt in den Spiegel. Sehr seltsam, das Spiegelbild ist so alt, aber sie selber ... ist doch noch jung. Und der Spiegel, wo kam der überhaupt her? Sie berührt ihr Bild. Wer ist das? Wer ist das? Wie kommt sie hierher? War sie nicht eben noch am Fluss spielen gewesen?

„Omi", schallt es durchs Haus. Der Ton erreicht sie in ihrer Erinnerung und sie fällt durch ihren leeren Raum, der alles verschluckt. Da ist sie wieder. Das Verwirrte weicht aus ihrem Blick. Ach ja, Ihr Enkel! Sie blickt aus der Tür – und wahrlich, das ist ihr Zuhause, schon seit vielen Jahren. Sie ist nicht mehr jung. Aber das ist sie im Spiegel. Ja, sie selbst. Sie schreitet hinaus, ins Haus. **«**

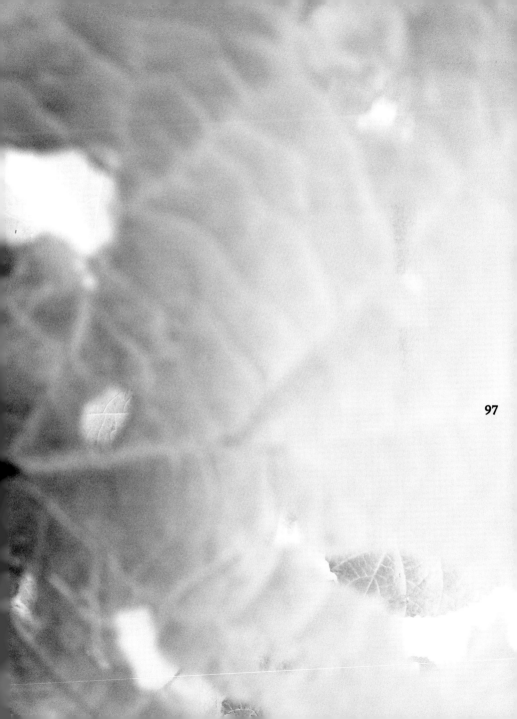

Steckbrief
INGA MELINA SCHULZE

»Der Fluss ohne Sorgen«
Altersempfehlung ab 12 Jahren

Alter beim Schreiben des Textes 13 Jahre

Geburtsjahr
2002

Hobbys
Lesen, Harry Potter

Der Fluss

ohne Sorgen

Die Sorgen fallen von ihr ab, mit jedem Stein, den sie wirft. Die Steine prallen aufs Wasser des Flusses und geben Ringe von sich. Sie werden immer größer und ihre Sorgen kleiner. Die Sorgen, die sie schon so lange mit sich trägt, fallen mit jedem Schlag mehr ab. Es hilft ihr wirklich, denn sie lässt es zu.

Dann wacht sie auf, sieht die vielen Menschen um sich und wacht richtig auf aus ihren Tagträumen. 'Dort möchte ich sein! An dem Fluss ohne Sorgen. Der Fluss scheint sie wegzunehmen. Ich möchte raus aus der Stadt, in der so viele Menschen pro Tag ihre Sorgen versuchen loszuwerden, indem sie Münzen rückwärts in einen Brunnen werfen oder in den Dom gehen und beten. Das hilft doch sowieso nichts.' Der Bus hält an, sie schwingt sich aus ihrem Sitz und läuft die Allee entlang.

Mit ihrer schweren Tasche über der Schulter läuft sie weiter, nicht achtend darauf, dass sie von überall her angestarrt wird. Nur ein Kleid hat sie an, viel zu kalt für dieses Wetter. Sie ist von Zuhause weg, hat alles Wichtige in ihre Tasche gepackt und ist los. Sie hat eine Jacke dabei, noch etwas Unterwäsche, eine dünne Decke, die man so schön klein machen kann, etwas Geld und einen Kompass und noch Sachen für Wald und Flüsse. Sie sucht den Fluss ohne Sorgen. 'Es muss ihn geben! Es muss einfach! Zu viel ist in meinen 15 Jahren schon schiefgelaufen, und dieses Mal muss es klappen! Meine Mutter ist tot, seit ich neun bin, und mein Vater sorgt sich nicht um mich! Na ja, immerhin kann ich jetzt auch so überleben, und ich brauche keine Hilfe.'

Auf einmal läuft sie gegen etwas. Als sie aufschaut, sieht sie einen Jungen. Er ist etwa in ihrem Alter und hat sich seinen Kaffee über die Jacke geschüttet.

"Verdammt! Pass doch auf! Das war heiß!", schimpft er sie an. Verlegen will sie schon weitergehen, doch er hält sie zurück.

"Hey, hau doch nicht gleich ab, so war das nicht gemeint! Ist ja nicht so schlimm, war nur etwas heiß." Sie wendet sich um und schaut auf. Er lächelt sie an, doch sie kann nicht zurück, denn so viel ist schon schiefgelaufen, so oft hatte sie Pech und jetzt das!

"Ich bin Jake und du bist?" Doch sie schüttelt nur den Kopf und zeigt auf ihren Mund. Sie hat schon so lange nicht mehr geredet, und sie traut sich einfach nicht.

Der Junge scheint zu verstehen und fragt: "Kannst du mich denn hören?" Und sie nickt. Dann kommt ihr eine Idee und sie bückt sich. Sie nimmt einen Stein und schreibt ihren Namen auf den Boden: Lenne. Dann schaut sie auf und zeigt auf sich.

"Du heißt Lenne?" Und sie nickt.

"Wohin willst du?", fragt er und zeigt auf ihre Tasche. 'Das passt nicht auf den Boden', denkt Lenne und winkt ihm mit der Hand, dass er mitkommen soll. Sie geht in einen Laden und bedeutet ihm, dass er nach Papier fragen soll. Einen Stift hat sie. Von der Verkäuferin bekommen sie einen Block, und Lenne lächelt ihr zu. Dann schreibt sie: 'Ich suche den Fluss ohne Sorgen.'

Fragend schaut er sie an: "Wo soll das sein?"

'Ich weiß nicht.'

"Wie willst du ihn finden?"

'Ich folge meinen Tagträumen.'

"Okay, so etwas habe ich noch nie gehört. Darf ich mit dir kommen? Ich habe viele Sorgen."

'Welche?'

"Ich habe meine Eltern bei einem Autounfall verloren; ich war elf Jahre alt. Seitdem lebe ich in einem Waisenhaus."

'Tut mir leid! Ich habe meine Mutter mit neun verloren, und mein Vater kümmert sich nicht um mich, obwohl ich bei ihm lebe.'

"Das tut mir leid! Darf ich denn mit dir kommen?"

Lenne überlegt kurz. Der Junge scheint etwa so zu sein wie sie. Sie mustert ihn: Er ist sehr dünn, was wahrscheinlich am Waisenhaus liegt. Sie selbst ist etwas dicklich, aber das stört sie nur wenig. Normalerweise wird sie nie angesprochen. Dann nickt sie und schreibt auf: 'Hast du alles dabei, was du brauchst?'

Er nickt und fragt dann: "Wo lang müssen wir?"

Lenne schließt die Augen und stellt sich wieder alles vor: Den Fluss und den Vorsprung, auf dem sie sitzt. Er zieht sie fast an, und dann weiß sie den Weg. Sie weiß nicht, woher sie das kann, aber es hat schon immer funktioniert. Sie deutet nach links, nimmt Luke an die Hand und läuft los. In ihrem Kopf hat sie eine Karte und zeichnet diese auf ein Blatt. Beim Gehen ist das etwas schwer, aber es klappt. Dann zeichnet sie die Route auf die Karte. Das Ganze zeigt sie Luke, und der erschrickt.

"Das ist weit." Sie nickt.

"Sehr weit. Das ist der Dschungel, und es sind etwa 50 Kilometer, bis er anfängt!" Lenne nickt erneut. Sie schreibt:

'Wir können alles schaffen, wenn wir es nur wollen!'

Erstaunt schaut er sie an: "Dafür, dass du so viele Sorgen zu haben scheinst, dass du nicht mal redest, bist du dieses Mal sehr optimistisch."

'Irgendwann muss ja mal was klappen.'

Er nickt und schaut sie an: "Da hast du Recht, Lenne." Er läuft schweigend weiter, und Lenne sieht ihn sich noch mal genau an. Sie mag ihn, und auf einmal kommt ihr ein Gedanke: 'Ich hätte keinen anderen mitgelassen. Das heißt, ich muss ihn wirklich sehr mögen, aber ich glaube nicht, dass er es genauso sieht, und ich glaube auch nicht, dass er so empfindet wie ich.'

Nach etwa zehn Kilometern machen sie eine Pause und kaufen sich viel zu essen. Sie sind am Ende des Dorfes, und ab jetzt werden nur noch Wiesen und Wälder kommen. Sie essen beide etwas Brot mit Käse; dann geht es weiter. Immer wieder machen sie kleine Pausen, um etwas zu essen oder einfach nur, um sich auszuruhen.

Der Karte her haben sie jetzt die Hälfte geschafft, aber heute laufen sie nicht weiter, denn es wird schon dunkel. Lenne holt ihre Decke aus der Tasche und legt sich auf den Boden. Die Tasche nimmt sie als Kopfkissen. Luke zieht seine Jacke aus und nimmt diese als Kopfkissen, eine Decke braucht er nicht; so ein dicker Pulli reicht. Nach ein paar Minuten ist er auch schon eingeschlafen, doch Lenne bleibt wach und schaut ihn wieder an. 'Ich liebe ihn, glaube ich, aber das kann eigentlich nicht sein, denn so schnell verliebt man sich nicht. Das geht gar nicht; oder?' Dann schläft auch sie ein.

Am nächsten Morgen wacht Lenne schon vor Sonnenaufgang auf. Luke schläft noch, und sie lässt ihn auch noch etwas schlafen. Dann nimmt sie sich einen Apfel und setzt sich hin. Als sie ihn aufgegessen hat, nimmt sie sich eine kleine Schüssel, fängt den Tau auf, der noch auf den Wiesen ist und kippt den Inhalt über Lukes Gesicht.

"Hey! Was soll das?!"

Lenne muss lächeln, dann zieht sie ihn auf die Beine und reicht ihm einen Apfel. Er isst ihn auf, dann geht es weiter. Als es schon Nachmittag ist, sehen sie endlich ihr Ziel: den Dschungel. So lange hat es eigentlich nicht gedauert; immerhin waren es 50 Kilometer. Luke strahlt, dann laufen sie etwas schneller. Es wird immer heißer, als sie näher kommen und Lenne denkt: 'Ich habe Glück in meinem Kleid! Warte mal, ich habe GLÜCK!! Wow, ich habe zum ersten Mal in meinem Leben richtig Glück!' Sie muss lächeln, und Luke schaut sie fragend an.

Sie deutet auf ihr Kleid und macht die Daumen hoch. Er braucht ein paar Sekunden, bis er versteht.

"Stimmt, du hast Glück! Ich hier in meinen dickeren Sachen, aber du in deinem Kleid hast wirklich Glück." Sie nickt glücklich, deutet auf den Dschungel und macht die Daumen hoch. Luke nickt und zieht sich seinen Pulli aus.

"Zu heiß!"

Nach ungefähr fünf Minuten stehen sie mitten im Dschungel, Lenne schließt wieder ihre Augen und sieht den Fluss vor sich. Wieder links und sie läuft vor; bahnt sich den Weg durch die Lianen, stolpert ein paar Mal fast über Baumwurzeln, doch Luke hält sie jedes Mal am Kleid hinten fest, wenn er es bemerkt. So dauert es nicht lange, bis sie einen Fluss sehen. Erfreut laufen sie an ihm entlang, unwissend darüber, dass sie vom Löwenkönig beobachtet werden. Er wird ihnen nichts tun, denn er weiß, dass sie nicht böse sind. Es sind die Verliebten des Dschungels; das erkennt er sofort.

Lenne läuft weiter am Fluss entlang, und dann sieht sie ihn. Sie fängt an zu rennen, rennt immer schneller auf ihn zu. Denn da ist er, der Vorsprung, den sie sich so ersehnt hat. Dort angekommen lässt sie sich fallen und wartet auf Luke. Dann greift sie nach zwei Steinen, und einen reicht sie Luke. Mit der einen Hand hält sie ihren Stein, und mit der anderen Hand zählt sie: 1 ... 2 ... 3 ... Dann werfen sie, schauen, wie die Steine fliegen und dann ins Wasser eintauchen.

Dann fallen die Sorgen von ihnen ab, mit jedem Stein, den sie werfen. Die Steine prallen aufs Wasser des Flusses und geben Ringe von sich. Sie werden immer größer und ihre Sorgen kleiner. Die Sorgen, die sie schon so lange mit sich tragen, fallen mit jedem Schlag mehr ab. Es hilft ihnen wirklich, denn sie lassen es zu.

Dann sagt Lenne: "Ich liebe dich!"

Erst schaut Luke sie verdutzt an, dann lächelt er und sagt: "Ich dich auch!"

Der Löwenkönig sieht nur noch, wie die beiden sich immer näher kommen, dann küssen sie sich. Der Löwenkönig lächelt, wendet sich ab und lässt die beiden allein. ((

MAGDALENA WEJWER

»10 Sekunden«
Altersempfehlung
ab 12 Jahren

Magdalena Wejwer

Wohnhaft in Deutschland/Baden-Württemberg

Alter beim Schreiben des Textes 17 Jahre

Geburtsjahr 1997

Hobbys Schreiben, lesen, rausgehen, Musik machen, Mathe

Berufswunsch Mal sehen ...

Wie es zu diesem Text kam Das kam irgendwie von selbst, und hinterher war ich überrascht, was alles in zehn Sekunden möglich ist.

Sonstiges "Also gehe in dich, Dichter | finde dich und was du bist | weil der Schatz der edlen Wahrheit | selbst in dir verborgen ist."

~~||||~~ ~~||||~~ Sekunden

10 Sekunden, die Zeit vergeht,
eine Kette von Augenblicken,
manchmal glaubt man fast, sie steht,
doch sie steht nie.

Und 10 Sekunden, so unglaublich viel
und doch so unglaublich wenig,
mal rast sie, nie steht sie, nie kommt sie ans Ziel,
mais, c'est la vie.

10 Sekunden, Zeit genug, um zu lachen,
Zeit genug, um jemandem 'ne Freude zu machen,
10 Sekunden, genug, um ernsthaft zu stören,
Zeit genug, um einen Krieg zu erklären,

10 Sekunden, Zeit, eine Blume zu gießen,
Zeit genug, für eine Träne zu fließen,
Zeit genug, sich zu hassen, sich zu entzweien,
Zeit genug, sich anzubrüllen, zu schreien,
Zeit genug, um ein kleines Monster zu zähmen
und sich dann doch in den Arm zu nehmen.

10 Sekunden, Zeit genug, um zu singen,
Zeit genug, um jemanden umzubringen,
10 Sekunden, genug, um etwas umzuräumen,
Zeit genug, von Sommer und Liebe zu träumen,
10 Sekunden, Zeit, etwas zu verlieren,
Zeit genug, um Butter aufs Brot zu schmieren,
Zeit genug, um nach dem Weg zu fragen,
Zeit genug, um „Hab dich lieb" zu sagen,
Zeit genug, zu verzweifeln und doch zu vertrauen
und einmal dann doch nach vorne zu schauen.

10 Sekunden, Zeit genug, um zu winken,
Zeit genug, um ein Glas Wasser zu trinken,
10 Sekunden, genug, um etwas zu essen,
Zeit genug, um sich und die Welt zu vergessen,
10 Sekunden, Zeit, sich zu verwöhnen,
Zeit genug, um sich mit sich selbst zu versöhnen,
Zeit genug, um trotz allem noch Hoffnung zu haben,
Zeit genug, für sehr kurze Hausaufgaben,
Zeit genug, um einen Zug zu verpassen
und sich zu lieben und sich zu hassen.

10 Sekunden, Zeit genug, um zu leben,
Zeit genug, um jemandem Liebe zu geben,
10 Sekunden, genug, um viel zu vernichten,
Zeit genug, zu beginnen, den Streit zu schlichten.
10 Sekunden, Zeit, um im Eis zu erfrieren,
Zeit genug, um alles aufs Mal zu verlieren,

Zeit genug, um an einen Freund zu denken,
Zeit genug, um ein Lächeln zu verschenken,
Zeit genug, um sich zu besinnen
und etwas Neues zu beginnen.

10 Sekunden, Zeit genug, etwas Frieden zu stiften,
Zeit genug, um etwas abzudriften,
10 Sekunden, genug sich auszuruhn,
Zeit genug, um etwas Großes zu tun,
10 Sekunden, Zeit jemanden zu feuern,
Zeit genug, um einen Bund zu erneuern,
Zeit genug, um zu mobben, jemanden zu dissen,
Zeit genug, einen guten Freund zu vermissen,
Zeit genug, um endlich alles zu geben
und anzufangen, das Leben zu leben.

10 Sekunden, krass, wie die Zeit vergeht,
diese Kette von Augenblicken,
manchmal glaubt man fast, sie steht,
weil es oft scheinbar nicht mehr weitergeht,
aber dann geht es doch wieder, nie steht sie still
und vergeht manchmal schneller, als ich es will.

Und 10 Sekunden, so unglaublich viel
und doch so unglaublich wenig,
mal rast sie, nie steht sie, nie kommt sie ans Ziel,
und doch genug, für so manches Gefühl,
und das Leben ist kurz, so kurz ist das Leben,
nutze die Zeit, die die Welt dir gegeben!
10 Sekunden, nicht viel, doch die Kette ist lang,
also pflücke den Tag, die Sekunden, und fang
an das Leben und seine Sekunden zu leben,
zu lieben und wirklich mal alles zu geben,

und scheinen die 10 dir noch so klein
wird daraus doch ein Leben, und das ist dein. **«**

Steckbrief
JIM RAPHAEL GROLLE

»Tims Immunsystem«
Altersempfehlung
ab 12 Jahren

Wohnhaft in Deutschland/Hamburg

Alter beim Schreiben des Textes 11 Jahre

Geburtsjahr 2005

Klassenstufe 5

Hobbys Lesen, Klavier, spielen, Geschichten ausdenken

Berufswunsch Schriftsteller

Wie es zu diesem Text kam Mein Opa ist sehr krank gewesen, deshalb haben wir ein Immunsystem gemalt und ihm geschickt. So habe ich mir die Geschichte "Tims Immunsystem" ausgedacht.

Tims Immunsystem

Tim war ein ganz normaler Junge, mit ganz normalen Eltern. Mal war er gesund, mal wurde er krank. Nun muss man wissen, dass Tims Immunsystem sozusagen selbst lebte. Die Bakterien konnten denken. In Tim lebte eine kleine Welt. Von dieser Welt möchte ich Euch jetzt erzählen.

Also, es begann so: Tim bekam eine uns nicht ganz klare Krankheit. Niemand wusste, was das für eine Krankheit war. Aber alle wussten, dass sie die Krankheit bekämpfen mussten. Doch in Tim hatte sich eine Art Mauer gebildet, die lebte und sämtliche Körperpolizisten abwehrte. Aber es gab einen kleinen Polizisten, der sich trotzdem auf zu dieser Mauer machen wollte. Er war extrem mutig, wie man daran erkennt.

Der kleine Polizist hatte kein schnelles Auto. Deshalb wollte er trampen. Hier in Tims Körper musste man zum Trampen auf Brücken steigen und auf das Dach der Autos springen. So wanderte der Polizist bis zur nächsten Brücke. Er musste ein schnelles Auto erwischen, weil er derjenige sein wollte, der die Krankheit besiegt. Die Stadt, in der die Mauer lag, hieß übrigens Kamm. Die meisten Leute wussten schon, dass die Krankheit da war und hielten sich von Kamm fern. Als der kleine Polizist bei der Brücke ankam, wartete er erst einmal auf ein schnelles Auto, bis er schließlich einen großen, schnellen „Körperblitz" sah. Das waren besonders schnelle Autos des Körpers. Er sprang auf das Dach. Der kleine Polizist hatte sich zwei Körpertaler mitgenommen, um sich bei den Mitnehmern zu bedanken. Doch hier hatte er leider einen Körpermillionär getroffen, der sich von den zwei kleinen Körpertalern nicht begeistern ließ. So sprang der kleine Polizist auf das nächste Dach. Er hatte Glück. Es war ein Blutbahnauto. Es war relativ schnell. Dort drin saß eine kleine Familie, die ihn freundlicherweise mitnahm.

Sie fragten ihn, wo er hinwolle. Der kleine Polizist sagte ohne zögern: „Nach Kamm."

„Was??", antworteten sie, „Kamm?? Um Gottes willen, da können wir dich doch nicht hinbringen! Wir haben Kinder."

Da quietschte ein kleines Körpermädchen: „Wenn er sich an die Tür setzt und dann bei Höchstgeschwindigkeit herausspringt, wird er nach Kamm geschleudert." Damit waren alle einverstanden. So flog der Polizist weit über die Blutbahnen nach Kamm. Da sah er die ersten Polizeiautos und Hubschrauber.

Er flog direkt auf einen Blutrotor eines Körperhubschraubers zu. Aber der Pilot erkannte die Gefahr rechtzeitig und schaltete die Rotoren auf weich. So flog der kleine Polizist auf diese zu, sie federte ein und aus. Er wurde weit über die Mauer mit ihren vielen Greifarmen geschleudert. Der kleine Polizist war der Erste, der es über die Mauer geschafft hatte! Doch er fiel immer weiter gen Boden und wusste nicht, ob die Landung ganz so angenehm sein würde. Plötzlich kam der Aufprall. Um ihn herum spritzte Schlamm, dann hörte er direkt neben sich ein hauchzartes: „Quak". Dort saß ein ganz kleiner, winziger Frosch. Der kleine Polizist hob den Frosch auf und fragte: „Na, du Kleiner, hast du deine Eltern verloren?"

Der kleine Frosch antwortete: „Quak?" In dem Moment hörte der kleine Polizist ein riesiges, lautes QUOOOOOK und eine gigantische Kröte platschte auf ihn zu, eine Krötenmama genauer gesagt, und hinter ihr noch ein Krötenpapa. Der Polizist war kaum so groß wie eine Zehe der Kröten. Er dachte: „Oha!" Und dann: „Vielleicht habe ich ja ihren Sohn gefunden und sie suchen ihn gerade." Also brüllte er so laut er konnte, damit die Kröten ihn auch hörten: „Habe ich eventuell euren Sohn gefunden?"

Die Krötenmama, die tatsächlich ihren Sohn verloren hatte, hörte plötzlich in der Luft ein minileises: „Habe ich eventuell euren Sohn gefunden?" Sie drehte ihr riesiges Gesicht in Richtung des kleinen Polizisten. Der hielt zitternd den kleinen Frosch in die Höhe. Dankbar nahm die Mutter den Kleinen entgegen. Der Vater guckte auch. Plötzlich schrie er auf: „Das ist nicht unser Sohn, das ist der Sohn dieses kleinen verdammten Frosches!"

„Oh mein Timgott", dachte der kleine Polizist, „ich muss den richtigen Krötensohn finden und ihn gegen den Froschsohn eintauschen, sonst wird er am Ende noch verletzt", denn er hatte Angst um den kleinen Frosch. Also suchte er den lieben langen Tag die Kröte, er hatte völlig vergessen, dass er eigentlich die Mauer bekämpfen musste.

Am Abend hatte er die kleine Kröte immer noch nicht gefunden. Da ließ er sich erschöpft in den Schlamm fallen. Plötzlich hörte er ein hauchzartes: „Quak"! Und da, neben ihm, saß, sage und schreibe, die kleine Kröte! Das brachte ihn sofort wieder auf die Beine. Er musste die Krötenmama und den Krötenpapa wiederfinden. Dank ihrer Größe war das nicht allzu schwer

„Wenn ihr mir den kleinen Frosch gebt, gebe ich euch eure kleine Kröte", sagte der kleine Polizist.

„Und woher sollen wir wissen, dass du unseren Sohn wirklich hast?", fragte die Krötenmama.

„Ihr wisst es nicht", sagte der kleine Polizist, „aber es ist eine Chance euren Sohn wiederzufinden."

„Na gut", meinte der Krötenpapa und rückte widerwillig den kleinen Frosch heraus. Da reichte der kleine Polizist der Krötenmama die kleine Kröte und lief ganz schnell in Richtung eines Berges. Doch als er näherkam, bemerkte er, dass das gar kein Berg war, es war die Froschmama! Und so gab der kleine Polizist den kleinen Frosch der großen Froschmama. Und nun kam der kleine Polizist endlich zu seinem wohlverdienten Schlaf.

Am nächsten Morgen wachte er auf und alles war weg. Die Mauer war weg, die ganzen Polizisten waren weg, die Kröten waren weg und die Frösche waren weg. „Naja, dann wandere ich in Richtung der nächsten Stadt. Wenn ich immer noch in Kamm bin, dann liegt die südlich von hier."

Und tatsächlich, nach einer zweistündigen Wanderung kam er in „Herzstadt" an. Dort ging er natürlich sofort zum nächsten Polizeirevier, um zu fragen, was passiert war. Dort sagte ein Hauptkommissar in der Wache, dass man nur vier gigantische Frösche und Kröten gen auswärts fliegen sah, die riefen seltsamerweise: „Jetzt ist mein Sohn sicher, jetzt kann ich endlich die Schutzmauer abbauen!"

„Tja", meinte der Hauptkommissar, „wo kommen Sie denn her, dass Sie das noch nicht wissen?"

Und so erzählte der Polizist die Geschichte von vorne bis hinten. „Ich habe auch einen Beweis", erklärte er. „Es hat doch niemand die Frösche berührt, oder? Ich habe nämlich hier auf meiner Hand etwas Froschschleim, es kann auch sein, dass es Krötenscheim ist."

„Tja", sagte der Polizist, denn er sagte gerne Tja, „dann bekommen Sie den Orden für den Polizisten der besten Krankheitsbekämpfung des Monats."

Als der kleine Polizist nun endlich zu Hause war und die Geschichte seiner Frau und seinen Kinder erzählen konnte, waren alle ganz froh und glückselig, dass alles gut ausgegangen war. ((

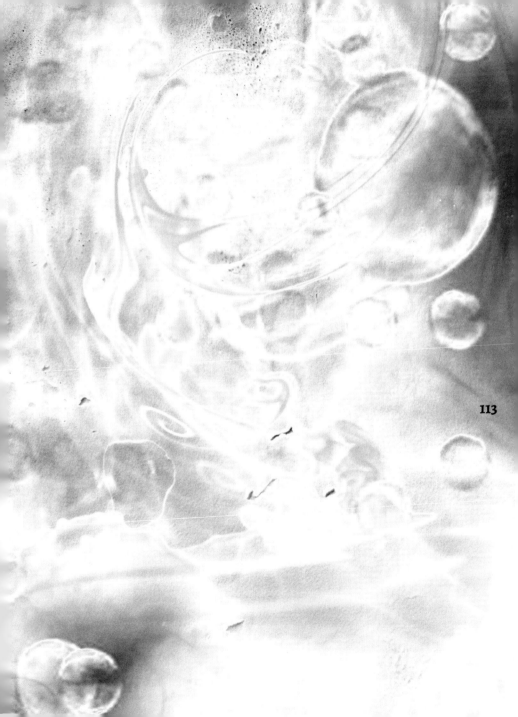

113

Steckbrief
MARIE-CELESTINE CRONHARDT-LÜCK-GIESSEN

»Ich lächle«, »Honigsüß«
Altersempfehlung
ab 12 Jahren

Wohnhaft in Deutschland/Rheinland-Pfalz

Alter beim Schreiben des Textes 14 und 15 Jahre

Geburtsjahr 2000

Klassenstufe 9

Hobbys Zeichnen, Klavier und Orgel spielen, dichten, komponieren

Berufswunsch Komponistin, Pianistin, Malerin, Singer-Songwriterin

Wie es zu diesem Text kam Ich denke viel über mein Leben, das Leben allgemein, das Anderssein und die daraus entstehenden Probleme und Situationen, nach. Deshalb beschäftigen sich meine manchmal kritischen Gedichte/Texte auch mit gesellschaftlichen Missständen und den Menschen, die durch gesundheitliche Probleme – verständnislos – an den Rand gedrängt werden. Ich möchte auch für die Menschen Worte finden, denen manchmal die Worte fehlen!

Sonstiges Zu "Ich lächle" habe ich ein Stück komponiert, zur Partitur habe ich ein Deckblatt entworfen, auf dem ich die Notennamen, z. B. c,h als Noten geschrieben habe ...

ICH LÄCHLE :)

gierig küsst die sonne
tautropfen aus bunten blumenkelchen

ich liebe dieses schauspiel
es ist echt

ich lächle
manchmal ist es echt
oft ist es falsch
tränen ängstigen andere
lächeln beruhigt

wie geht es dir heute?
schlecht ...

erschrecken in fremden augen
falsche antwort
sie zieht ein warum nach sich
ein warum ... ist unbequem
warum ...
... frisst zeit
... belastet
vielleicht ...
müsste man
hilfe anbieten

ich lächle
ich zeige euch
was ihr sehen wollt

zu viel es geht mir nicht gut
zu viel anderssein
solche
schicksale schaut man sich im fernsehen an
liest man in illustrierten

verständnis ist dünnhäutig
erschöpft sich schnell

ich wende mein gesicht
der sonne zu
vielleicht trocknet
sie meine tränen

ich lächle

anderssein sprengt nähe

ich lächle 《

© Marie-Celestine Cronhardt-Luck-Giessen

honigsüß

Meine sonne verdunkelt sich
der morgen atmet trauer
meine hände zittern
ich sing mein lied
sing es still
weil keiner
es hören will

integration
inklusion

große worte
keine taten
verschlossene türen
keine auskünfte
der wind flüstert
hoffnung

verstummt

honigsüß wird
hart geurteilt
ausgegrenzt
zurückgewiesen
nicht verstanden
kämpfen macht so müde
ein inferno tobt in mir
ich wünsche mir

dass

die die an den schaltstellen sitzen

„ein jahr in meinen schuhen laufen"

wer ist gescheitert
unser system oder ich
persönliches budget
sozialstation
integration
inklusion
es tut mir leid
dafür sind wir nicht zuständig

meine mutter denkt immer
ich merke es nicht
wenn sie wieder einmal
für mich weint
über die vielen
neins
über den paragraphendschungel
der so voll wilder tiere ist
dass man daran
scheitern muss

lange hab ich überlegt
soll ich die welt
konfrontieren mit mir
und all denen
die keine worte finden
deren hände zittern
deren sonnen morgens
schon untergehen
die das flüstern des windes
nicht hören können
die der paragraphendschungel
erschöpft
weil zu viel zeit
zu viel trauer atmet

dann ...
dachte ich

was macht die welt mit mir
mit uns
die am rande leben
sie macht die augen zu
reitet auf schlüpfrigen
paragraphen
von amtsstube
zu amtsstube

schmettert ab
honigsüß 〝

Steckbrief
LARA-SOPHIE CRONHARDT-LÜCK-GIESSEN

»Alles was blieb«,
»Weißt Du noch ...?«

Altersempfehlung
ab 12 Jahren

Wohnhaft in Deutschland/Rheinland-Pfalz
Alter beim Schreiben des Textes 14 Jahre
Geburtsjahr 2000
Klassenstufe 9
Hobbys Lesen, Gedichte schreiben, Klavier, Orgel und Gitarre spielen
Berufswunsch Ärztin oder Musikerin
Wie es zu diesen Texten kam "Alles was blieb": Als ich den alten Wehrpass fand, war ich so unendlich traurig, dass ich darüber ein Gedicht schreiben musste. Nie mehr darf so etwas passieren. Die Zerstörung wirft Schatten bis in unsere Zeit. "Weißt du noch...?": Gedanken über Zeit und Freundschaft, ob sie die Stürme der Zeit überdauern können. Natürlich mit dem großen Wunsch, gemeinsam alt zu werden und auf ein erfülltes Leben schauen zu können.

alter wehrpass
zerschlissen
blutgetränkt
in ihm ein brief
an meine familie
mein urgroßvater
gefallen
auf dem feld der ehre
gefallen
für volk und vaterland
gefallen
junge männer
indoktriniert
bomben

brennende himmel
leben –
lieben –
familien zerstört
ein großes
nie mehr
alles was blieb
zu viele tote
gepflückt vor dem erblühen
verscharrt im irgendwo?
gestapelt in
gebeinhäusern
schädel – knochen
ohne namen
seelen irren
rastlos durch die zeit
suchen sich
seite an seite
feinde freunde
alles was blieb
auf dem feld der ehre
blutgetränkter schutt
blutgetränkte zerstörung
blutgetränkte erinnerungen
alles was blieb
ein mahnmal
– bitte –
nie mehr! «

zerzaust stehst du vor mir
grüne wiese
frühlingsduft in unsrem haar

gemeinsames lachen
gemeinsame schulzeit
gemeinsame tränen
gemeinsame träume

die endlichkeit
perlt lachend an uns ab

wie weit gehen wir
unseren weg gemeinsam?

wirst du ein leben lang
an meiner seite sein?

wie lange werden wir
die gleiche sprache sprechen?
die gleichen gedanken denken?

... egal ... wohin ...
unser herz
unser leben
uns trägt

werde ich dich tief
in meiner erinnerungsschatzkiste
festhalten
dich – meine freundin
unsere zeit

in der hoffnung
wenn wir reich
an jahren
an leben
an falten
sind ...

dass
wir unser
kästlein gemeinsam
öffnen ...

und

wir uns lachend fragen
weißt du noch? ... «

Steckbrief
ARIANE MARENA KLAR

»Die Geschichte der Nordlichter«
Altersempfehlung ab 10 Jahren

Wohnhaft in Deutschland/Rheinland-Pfalz
Alter beim Schreiben des Textes 13 Jahre
Geburtsjahr 2002
Klassenstufe 8
Hobbys Schreiben, zeichnen, singen
Berufswunsch Autorin, Englisch- und Kunstlehrerin, Illustratorin
Wie es zu diesem Text kam Ich fand die Idee gut, eine Geschichte über Nordlichter zu schreiben und die Bilder auf Wikipedia haben für den Schauplatz gesorgt.

Die Geschichte der Nordlichter

Es war ein kalter Morgen in Akranes, einem Hafenstädtchen in Island mit etwa sechstausend Einwohnern. Marleen sah hinaus aus ihrem Fenster im Leuchtturm. Es hatte die Form eines Bullauges und ihr Zimmer war genauso rund. Draußen wütete tosend ein Sturm und Regentropfen schlugen unregelmäßig gegen das Fenster.

Die leise, raue Stimme ihrer Großmutter Juna entführte das Mädchen, wie so oft an solchen Abenden, in eine Welt der Sagen und Mythen aus Irland, denn das war ihr Geburtsland: „Weißt du, Marleen, man erzählte sich früher, die Nordlichter seien die Farben, die ein magisch begabter, unsterblicher Maler namens Robyn an den Himmel malte. Anfangs war es aber nur grau, grau und grau. Irgendwann wurde der Himmel aber zu voll mit seinen grauen Gemälden. Kaum noch brachte die Sonne ihre Strahlen hindurch. Da schickte sie den Wind, um die weißgrauen Schwaden zu vertreiben, die Wolken genannt wurden. Aber er blies sie nur hin und her. Manchmal wurde der Wind stärker, zerrte an ihnen, doch nur manchmal wurden sie kleiner. Das lag daran, dass sie gelegentlich ein paar Tropfen ihres klaren Wassers, das sich in ihnen befand, an Berg- oder Baumspitzen verloren. So wurde die Erde grüner. Aber Robyn konnte es nicht ansehen, wie die neuen Pflanzen eingingen, weil sie die Sonne brauchten. Keileigh, die Tochter einer im Kampf von Inishmurray gegen die Wikinger verstorbenen ehemaligen Walküre, die selbst aber keine war, traf den Maler Robyn bei einem Spaziergang an der Küste. Walküren waren im Glauben der Wikinger Naturgeister, die als goldbewaffnete Frauen auf Pferden übers Schlachtfeld ritten und sich dort die Leute aussuchten, die im Kampf fallen sollten. Verloren sie ihren Status als Walküre, wurden sie sterblich, behielten aber häufig ihre Aufgabe bei, sich in der Nähe von Schlachten aufzuhalten und manchmal mitzukämpfen. Keileigh sagte Robyn, wie gut ihr mehrere Farben am Himmel gefallen würden.

So färbte er einige Wolken grün, lila und andere in Neon- und Pastelltönen. Sie waren nun auch fähig, sich über den Himmel zu winden, wie es gewöhnliche Wolken nicht vermochten. Die bunten, leuchtenden Schwaden wurden nun Nordlichter genannt. Die übrigen verminderte Robyn, sodass die Wolken an einigen Stellen durchscheinend waren und sogar auch meilenweit den Himmel freiließen. Robyn besuchte Keileigh oft am Strand. Jedes Mal sahen sie hinauf zu den Sternen und warteten auf die Nordlichter.

37 Jahre später gab es jedoch einen erneuten Wikingerangriff, diesmal in Inishbofin, bei dem die Walkürentochter umkam, denn zu der Zeit reiste sie viel umher. Robyn, der inzwischen ein alter Greis geworden war, zog zu ihrem Sterbeort und baute an den Klippen von Westquarter einen Leuchtturm, von dem aus er neue Farben für die Nordlichter erfand. Dort blieb er 300 Jahre. Doch als ein paar Dorfbewohner aus Fawnmore seinen Leuchtturm, von dem die Nordlichter zu kommen schienen, auf einer Wanderung entdeckten, wollten sie mehr sehen. Er war aber durch die lange Zeit des Alleinseins bitter und mürrisch geworden und wies sie ab. Um Schaulustigen auszuweichen, ließ er seinen Leuchtturm unsichtbar werden, sodass nur Walküren ihn sehen und betreten konnten. Von weitem sahen die Menschen seine Umrisse schimmern, aber wenn sie näher kamen, verschwammen die Konturen ins Nichts. Auch Kameras, welche später erfunden wurden, konnten den magischen Ort nicht aufnehmen. So ist es auch heute noch."

Marleen nickte langsam. „Ich würde gerne einen Ausflug nach Inishbofin machen."

„Diese Insel ist alles andere als belebt, sondern eher einsam. Das wird dir nicht gefallen!", lachte Juna.

Nach langem Bitten von Marleens Seite reisten die beiden mit den Eltern ein halbes Jahr später dorthin. Sie fuhren mit dem Bus von Fawnmore zu den Klippen von Westquarter. Eine halbe Meile entfernt stiegen sie aus und sahen sich um, ob sie den Leuchtturm entdecken konnten. Und tatsächlich: Wie von Nebel und Gischt zerrissen, stand dort ein durchscheinender Leuchtturm. Das Bild war nicht mehr als ein Schemen, und doch war er gut sichtbar.

„Seht, da ist er, oder Großmutter?", rief Marleen.

Juna sagte lächelnd: „Ja, wenn man die Geschichte nicht kennt, könnte man meinen, er sei nur Einbildung."

Die Familie wanderte zu dem Ort. Erstaunlicherweise konnte Marleen den Turm noch sehen, als sie davor stand. Er schien immer schärfer zu werden. Aber nur sie und Juna bemerkten ihn.

Die Tür schwang, vor Meersalz knirschend, auf.

„Komm, wir sehen mal nach, was da ist, hm?", schlug Juna zwinkernd vor.

Sie gingen die Treppe hinauf, die hinter der Tür lag. Für die Eltern musste das wirklich seltsam aussehen …

Oben angekommen, sahen sie sich um. Dort war eine Staffelei aufgebaut und ein weißbärtiger Mann mischte gerade die neon- und pastellartigen Farben, die wie durch Magie – was höchstwahrscheinlich auch der Fall war – aus dem Pinsel quollen.

Als er sie sah, weiteten sich seine Augen überrascht, dann hielt er ihnen zwei Pinsel entgegen und sagte: „Willkommen, Walküren. Wollt ihr's auch mal versuchen?"

An diesem Abend gab es besonders schöne Nordlichter in Akranes. 〃

Steckbrief
FRANCA DREWE

»Water«
Altersempfehlung
ab 12 Jahren

Wohnhaft in Deutschland/Nordrhein-Westfalen

Alter beim Schreiben des Textes 14 Jahre

Geburtsjahr 2000

Klassenstufe 9

Hobbys Tanzen, reiten

Berufswunsch Entwicklungs-/Katastrophenhelferin

Wie es zu diesen Texten kam Eine Idee, die mich nicht mehr losgelassen hat

Water

Mary sieht die Luft flimmern und spürt ihren Kopf mit einer solchen Intensität pochen, dass ihr schwindelt. Die helle Mittagssonne, die fast im Zenit steht, lässt ihre Augen tränen und ihre Hitze sendet Schweißbäche über Marys Rücken, die sofort wieder eintrocknen und eine verkrustete Salzschicht auf ihrem alten T-Shirt zurücklassen. Sie versucht, den Schmerz zu unterdrücken, ihn hinter eine Tür in ihrem Gehirn zurückzudrängen und diese fest zu verschließen. Es gelingt ihr nicht.

Sie setzt einen Fuß in die dicke Staubschicht vor ihr, und sofort kehrt der Schmerz mit einer neuen Intensität zurück. Mary schluckt trocken und zwingt sich einen weiteren Schritt zu tun. Ihre Zunge liegt geschwollen und ausgetrocknet in ihrer Mundhöhle und wirkt wie ein pelziges, totes Tier anstatt einem Körperteil. Dies alles erinnert Mary schmerzhaft an ihren, mit jeder Träne, jedem Schweißtropfen vergeudeten Flüssigkeit, weiter austrocknenden Körper. Ihr schwindelt erneut und für eine Sekunde überfällt sie die panische

Angst zu sterben, ohne Wiederkehr und ohne Nachricht an ihre Familie in dieser Hölle aus Staub und Geröll, in der sich schon lange kein Raubtier mehr befindet, sie waren alle verdurstet, weil sie, wie alle überlebenden Menschen auch, zu groß waren für die begrenzten und beständig schrumpfenden Wasservorräte, und dass auch sie, Mary, einfach austrocknen und irgendwann von einer weichen Staubschicht umschlossen, auf ewig an diesem Ort liegen würde.

Doch dann schiebt sich ein anderes Bild vor ihre Augen. Sie sieht ihre Mutter, mit den grauen, gebrochenen Augen und aufgesprungenen Lippen. Und Con. Den kleinen Con, der immer nur erschöpft schläft, sein Körper braucht das Wasser mehr als sie, er ist doch nur ein kleines Kind. Das Bild gibt ihr Kraft, einen weiteren Schritt zu gehen, dann noch einen. Mary rafft sich zusammen und kämpft sich Schritt für Schritt voran, zur Wasserstelle, die schon fast ausgetrocknet ist und bald ganz versiegen wird. Mary weiß, was ihnen dann zustoßen wird, sie denkt an ihre Mutter, die kurz vor der Grenzschließung noch massenhaft Anträge schrieb, um ihre Familie ausreisen zu lassen, oder wenigstens Con, obwohl ihnen beiden klar war, dass ihre ehemaligen Feinde nicht die aufnehmen würden, die mit ihnen erbittert um jeden Tropfen Wasser gekämpft hatten. Sie ist nun nahe am Wasserloch, sie erkennt es an den größeren und besser instand gehaltenen Baracken, „in denen sich die Ratten verstecken", denkt sie grimmig, „die, die in der kühlen Dunkelheit herauskommen können, die, die sich mit Waffen den Weg zum Wasser freikämpfen können."

In der sirrenden Hitze taucht eine Menschenschlange auf, kontrolliert von Männern in Militäruniform, die Maschinengewehre in der Hand halten. Sie tragen das Zeichen der Befreiungsfront, die geprahlt hat, die Wasserversorgung wieder sicherzustellen, und die nun die Einzigen sind, die nicht verdursten.

Tagsüber stellen sie sicher, dass niemand mehr als eine Kanne voll Wasser abfüllt, sie nennen dies eine "Integrationsmaßnahme", doch nachts räumen sie die Stelle für die Bewaffneten, beide Seiten sind noch zu schwach, um eine Konfrontation zu wagen. Mary betet, dass dies so bleibt. Langsam schiebt sich die Schlange der zerlumpten und ausgemergelten Gestalten voran. Ihre Kanne heizt sich in der Sonne auf und brennt wie Feuer, als sie ihr an das Bein stößt. Wieder schwindelt ihr, und sie strauchelt, doch plötzlich schimmert das Wasser vor Mary und es erscheint ihr wie das Schönste, was sie je gesehen hat. Das Verlangen danach, das Gesicht in das graue Wasser zu tauchen und sich das erste Mal seit Tagen sattzutrinken ist übermächtig, doch sie weiß, dass die

Bewacher sofort abdrücken würden, und so füllt sie die Kanne so rasch wie möglich bis zum Rand und stolpert aus der Schlange. Sie seufzt erleichtert, als sie einen Schluck des lauwarmen Wassers trinkt. Sie weiß, heute werden sie nicht verdursten.

Mary schreckt aus dem Dämmerzustand auf, der die Hitze erträglich macht. Sie sieht sich nach dem Wasser um, doch es steht unangetastet in der schattigen Ecke des staubigen Zimmers. Neben sich hört sie die schweren, kratzigen Atemzüge ihrer Mutter und den leichten, schnellen Atem von Con. Vorsichtig steht sie auf, als das Geräusch, das sie geweckt hat, wieder ertönt. Es befindet sich vor der Baracke, und es ist eindeutig menschlich, sie erkennt es an den fremdartigen Wortfetzen, die in die Baracke gelangen. Mary weiß nicht, was sie erwarten wird, es könnte Hilfe sein, woher diese auch kommen sollte, aber auch Plünderer, die ihnen das bisschen abnehmen, das sie besitzen. Vorsichtig schiebt sie sich an den Schlafenden vorbei und gelangt zur Tür. Die Wortfetzen werden lauter, es können keine Plünderer sein, sie hätten wahrscheinlich schon längst zugeschlagen, und sie würden alles vermeiden, was ihre Opfer warnen könnte. Entschlossen stößt sie die Tür auf.

Vor ihr, in der immer noch brennenden Hitze, steht ein Junge. Er lehnt an der steinernen Wand der Baracke und starrt sie aus verklärten braunen Augen an. Nach einer Sekunde fängt er wieder an zu sprechen, die Hand bittend ausgestreckt, flehend. Mary versteht ihn nicht, doch sie kann sich denken, was er möchte. Wasser. So wie alle in dieser Wüste. Abwehrend tritt sie einen Schritt zurück, sie kann ihm ihr Wasser nicht geben, sie haben selbst nicht genug. Er versucht ihr zu folgen, doch taumelt und muss sich wieder abstützen.

Nein. Ich kann dir nichts geben. Wir haben selbst zu wenig. Sie streckt ihren Arm aus, zeigt in Richtung der Wasserstelle. Da. Geh dorthin. Er schaut in die Richtung, in die ihr Finger weist. Mary zeigt nochmal in diese Richtung und dreht den Jungen mit der anderen Hand weg von der Baracke. Dort musst du hin. Nun geh schon. „Water", sagt sie und schiebt ihn einen Schritt in die Wüste. In seinen Augen erkennt sie einen Funken Hoffnung, als er sich ein letztes Mal zu ihr wendet. Er nimmt ihre Hand und drückt sie fest, ihre Finger schmerzen unter dem Druck. Dann stolpert er davon. Schritt für Schritt, sie sieht ihn taumeln, doch er fängt sich wieder. Eine Hand schiebt sich in die ihre. Mara. Lange schauen sie der Silhouette des Jungen hinterher. Sie wissen beide, dass er das Wasser nicht erreichen wird. ««

Steckbrief
ELENA WISBAUER

»Schmerzen schreibt das Leben«
Altersempfehlung ab 16 Jahren

Wohnhaft in Deutschland/Bayern

Alter beim Schreiben des Textes 15 Jahre

Geburtsjahr 2000

Klassenstufe 10

Hobbys Freunde treffen, lesen

Berufswunsch Ärztin

Schmerzen schreibt das Leben

Die meisten verbringen Weihnachten zu Hause, unter dem Tannenbaum, zusammen mit ihrer Familie. Reden, lachen und sind glücklich. Diese Stimmung, die an diesem Abend herrscht, gibt es nur einmal im Jahr. Und deswegen ist sie etwas ganz besonderes. Deshalb sollte man sie zu schätzen wissen. Ich habe bis jetzt jedes einzelne Weihnachten in Krankenhäusern verbracht. Ich habe eine unheilbare Krankheit. Niemand kann mir helfen. Nicht einmal die Ärzte. Wie lange mir noch von meinem Leben bleibt, weiß ich selbst nicht so genau.

148.920 Stunden bin ich bereits auf dieser Welt. Also 17 Jahre. Ich zähle mein Leben nicht in Jahre, sondern in Stunden. Stunden voller Traurigkeit, Schmerz, Hoffnung, Wunsch auf Rettung, die es nicht gibt. Und genau weil es keine Rettung gibt, habe ich meine Eltern darum gebeten, Weihnachten dieses Jahr zu Hause zu verbringen. Mein Vater hat nur stumm genickt, aber meine Mutter hat mich angeschrien. Sie hat mich gefragt, ob ich verrückt sei, ob ich den Verstand verloren hätte. Aber das habe ich nicht. Ich habe den Verstand nicht verloren, ich habe ihn gefunden. Warum sollte ich ein trauriges Leben führen und kein glückliches? Warum sollte ich mein Leben in Krankenhäusern verbringen, wenn ich weiß, dass es keine Rettung für mich gibt. Dass es keinen Sinn hat, traurig auf den Tod zu warten, wenn ich es auch glücklich kann.

Meine Mutter liebt mich, das weiß ich ganz genau. Aber die Angst, mich zu verlieren, hat sie in diesem Moment so stark überwältigt, dass in ihrer Stimme kein Platz mehr für Liebe war. Nur für Angst und Wut. Wut, dass ausgerechnet ihrer Tochter dieses Schicksal widerfährt. Die Welt ist ungerecht, und damit muss man sich abfinden, denn man kann nichts dagegen tun. Schließlich hat meine Mutter doch eingewilligt und mich zusammen mit meinem Vater an Heiligabend vom Krankenhaus abgeholt.

Und jetzt sitze ich hier unter dem Weihnachtsbaum im Wohnzimmer und das Einzige, was ich fühle, ist Glück. Glück, dass ich so eine tolle Familie habe. Mein kleiner Bruder Jakob spielt mit seinem neuen Spielzeugauto, das er bekommen hat, unter dem Wohnzimmertisch. Ich höre das Knistern des Feuers im Kamin und rieche den schwachen Duft der geschmückten Tanne. Und zum ersten Mal in meinem Leben spüre ich die Weihnachtsstimmung, von der alle reden. Die Weihnachtsstimmung, die so oft in Filmen vorkommt. Die Weihnachtsstimmung, die ich mir so sehr gewünscht habe. Das war das größte Geschenk, das mir meine Eltern machen konnten. Und das Letzte.

Denn um mich herum wird plötzlich alles finster. Ich bekomme nicht mehr mit, wie meine Mutter meinen Namen ruft und anfängt, bitterlich zu weinen. Ich bekomme nicht mehr mit, wie mein Vater den Krankenwagen ruft, sich Selbstvorwürfe an den Kopf wirft und meinen Bruder auf den Arm nimmt. Um mich herum herrscht einfach nur tiefste Finsternis. Aber keine Finsternis, vor der man Angst hat, sondern eine Finsternis, die einen beruhigt. Und plötzlich erstrahlt ein Licht. Ich muss eine Hand vor meine Augen halten, weil es zu grell ist, um hineinzusehen. Als es langsam schwächer wird, senke ich vorsichtig meine Hand. Vor mir steht ein kleines Mädchen mit Flügeln und streckt mir ihre Hand entgegen. Ein Lächeln ziert ihr rundes, freundliches Gesicht und ihre smaragdgrünen Augen glitzern freudig. Für einen kurzen Moment zögere ich, doch dann lächle ich zurück und gebe ihr meine Hand und gemeinsam, Hand in Hand, gehen wir in das Licht. Ich weiß, dass ich das Richtige getan habe. Mein Tod hat zwar eine tiefe Wunde bei meiner Familie hinterlassen, aber diese Wunde wird heilen. Wir können den Tod nicht aufhalten. Er spielt nach seinen eigenen Regeln. Regeln, die uns oft nicht gefallen. Doch gäbe es keinen Tod, dann gäbe es auch kein Leben. «

Markus Grain

Steckbrief
MARKUS GRAIN

»Falscher Verdacht«
Altersempfehlung
ab 12 Jahren

Wohnhaft in Österreich/Tirol

Alter beim Schreiben des Textes
16 Jahre

Geburtsjahr 1999

Hobbys Schreiben, Sportschützen, Taekwondo

Wie es zu diesem Text kam
Ich wollte Kindern mithilfe einer Geschichte einen Sachverhalt erklären.

~~Falscher~~ Verdacht

Tränenüberströmt drücke ich die Türklinke hinunter. Recep, der die ganze Zeit bei mir war, sprintet, wie vom Teufel höchst persönlich gejagt, davon.
„Lukas! Meine Güte, was ist denn mit dir passiert!?", kreischt meine Mutter bestürzt.
„Und wer ist der, der da gerade davonläuft!?"
Wütend werfe ich meine Schultasche in eine Ecke, reiße mir die Jacke vom Körper und schleudere die Schuhe mit einer harschen Bewegung der Füße unter die Kommode.
„Lukas? Was ist denn?", will meine besorgte Mama nun endlich wissen, greift mich am Kopf und dreht mein Gesicht zu ihr.
„Oh, mein Gott, du blutest ja! War das etwa dieser Junge, der gerade weglief?!"
Ohne ihr eine Antwort zu geben, stürme ich hinauf in mein Zimmer. Das ganze Haus erbebt, als meine Tür von mir ins Schloss geworfen wird. Bedrohlich

klackt der Schlüssel. Ich bin alleine. Mit dem Gesicht voran falle ich auf mein Bett. Sofort durchnässen meine Tränen das gesamte Kopfkissen. Verzweifelt rüttelt Mama an der Tür.

„Lukas! Das bringt doch nichts!" Immer und immer wieder versucht sie es.

„Lass mich in Ruhe!", brülle ich irgendwann zurück.

Eine halbe Stunde lang versucht sie, mich aus meinem Zimmer zu holen. Dann kommt Papa heim. Endlich habe ich meine Ruhe. Resigniert und hilflos schleudere ich das blutige, nasse Kopfkissen gegen das Fenster. Durch die Tür höre ich, wie Mama Papa erzählt, was los ist.

Keine Sekunde später donnert mein Vater los: „Das müssen diese verdammten Ausländer gewesen sein! Offenbar haben die nichts Besseres zu tun, als auf der faulen Haut zu liegen und sich von unseren Steuergeldern zu ernähren. Dagegen habe ich ja noch nichts gesagt. Aber mein Sohn!? Jetzt ist der Bogen eindeutig überspannt! Komm Trude, wir gehen zum Direktor. Das muss nun endlich ein Ende haben!"

Vollkommen aufgelöst kommen sie eine gute Stunde später wieder heim. Und mein Papa hat sich keineswegs beruhigt. Noch immer tobt und wütet er: „Wie kann das denn überhaupt sein? – Ich meine, das muss doch jemand gesehen haben?"

Schwer trampeln seine Schritte die Treppe herauf. Polternd klopft er an meine Tür: „Lukas? Sperr auf. Wir müssen darüber reden."

In seiner Stimme höre ich offenen Hass und unterdrückte Wut mitschwingen. Auch er gibt irgendwann auf. Die Stunden vergehen. Stumm wacht der Mond über mir, als ich mich in meine Decke einwickle. Ich wünschte, es wäre alles nur ein Traum gewesen.

Früh am nächsten Morgen verlasse ich das Haus, als meine Eltern noch tief und fest schlafen. Zwei Minuten später klopfe ich an Receps Tür. Müde Schritte sind zu hören. Dann öffnet mir Receps Vater in seinem Morgenmantel ganz verschlafen die Tür. Seine Haare sind schon leicht angegraut und sein Blick lastet müde auf mir.

„Lukas? Was machst du denn so früh hier?"

„Ich versuche meinem Vater aus dem Weg zu gehen ..."

„Aber wieso denn das?", will er ganz verwundert wissen.

„Eine lange Geschichte ...", murmle ich zurück.

Freundlich bietet er mir an: „Dann komm doch erst mal herein."

Receps Vater führt mich in die Küche und lässt mich am Esstisch Platz nehmen. Geruhsam setzt er etwas Teewasser auf und kramt aus einem Kasten einige Pralinen hervor. Süßlicher Duft erfüllt die Küche, als er mir eine Tasse Tee einschenkt und zwei Schokopralinen vor mich legt. Er selbst nimmt nur den Tee. Ruhig und gelassen genießt er einen Schluck. Nun will er natürlich erfahren, warum ich hier bin. So beginne ich, während ich die Teetasse umklammere, mit zittriger Stimme zu erzählen:

„Es war erst nur ein Streit. Aber es ist immer schlimmer geworden."

„Über was hast du denn mit deinem Vater gestritten?", fragt er sanft.

„Nicht mit meinem Vater, sondern mit einem Viertklässler, Mendes heißt er. – Zuerst sagte er, ich wäre dumm. Natürlich habe ich das nicht auf mir sitzen lassen. Kaum habe ich erwidert, dass er selber dumm wäre, hat er schallend angefangen zu lachen. Aufgehört mich zu nerven, hat er trotzdem nicht. Er hat mir alle möglichen gemeineren Dinge an den Kopf geworfen. Das war vor zwei Wochen. Mit jedem Tag ist die Sache schlimmer geworden. Manchmal hat er sogar nach der Schule auf mich gewartet, nur um mich zu beleidigen. Gestern dann –", meine Stimme versagt mir.

„Hier, iss etwas Schokolade." Receps Vater drückt mir eine Praline in die Hand. Dankend stecke ich sie mir in den Mund. Wärmend zergeht sie auf meiner Zunge. Kurz nippe ich am Tee. Der süße Geschmack beruhigt mich. Einmal noch schlucke ich und fahre dann fort:

„Gestern dann – hat mich dieser gemeine Kerl auf der Treppe geschubst. Ich bin die letzten drei Stufen hinuntergefallen und habe mir die Nase aufgeschlagen. Recep hat das gesehen, ist mir zu Hilfe geeilt und hat mir aufgeholfen. Mendes hat daraufhin zu Recep noch gemeinere Sachen gesagt, als zu mir. In meiner Wut wollte ich Mendes dann umschubsen. Es hat in einer Schlägerei geendet. Recep und ich sind nicht gut davongekommen. Anschließend hat er mich heimbegleitet. Mein Vater mag keine Leute wie ihn oder Sie. Er sagt zu Ihnen ungefähr dieselben Sachen wie Mendes. Deshalb ist Recep auch aus Angst davongelaufen, als er gesehen hat, dass sich meine Haustür geöffnet hat. Meine Mutter hat das dann so verstanden, dass Recep derjenige wäre, der mich so zugerichtet hat. Was meinem Vater nicht wirklich gefallen hat. Wenn ich ihm erzählt hätte, was wirklich passiert ist, hätte er mir für ewig und drei Tage Hausarrest gegeben."

„Wieso denn das?", will Receps Vater von mir wissen. Ich glaube, er kennt die Antwort bereits.

„Weil ...", stocke ich, „weil ich mit Ihnen und Recep rede und eure Hilfe annehme ..."

„Aber die Hilfe eines anderen anzunehmen ist doch nichts Schlimmes?" Warum fragt er noch weiter.

Mein Vater mag keine Ausländer, ist das nicht mittlerweile offensichtlich?

„Doch, mein Vater meint, wenn man Hilfe braucht oder annimmt, sei man schwach. Ganz besonders, wenn einem ein Ausländer hilft." Leise hänge ich an: „Er mag euch nicht, am liebsten würde er euch alle davonjagen."

„Und wie siehst du das?"

„Ich mag euch. Ich finde nicht, dass jemand ein schlechter Mensch ist, nur weil seine Haut eine andere Farbe hat und er eine andere Sprache spricht."

Eine lange Pause entsteht. Keine Ahnung, wie er das aufnimmt. Tief atmet er durch:

„Weißt du, du und ich, wir haben etwas gemeinsam. Beide sind wir Flüchtlinge. Vertrieben wegen ihren Gefühlen und Einstellungen."

„Hä?"

„Na, du bist von zu Hause geflohen, weil dein Vater deine Ansichten nicht teilt – sie sogar verabscheut. Meiner Familie und mir ist es ähnlich ergangen ..." Tief sitzende, schmerzvolle Erinnerungen lassen ihn verstummen.

„Aber man hat Ihnen doch geholfen. Deshalb leben Sie jetzt hier", will ich ihn aufmuntern.

„Da hast du Recht", einmal schnieft er noch, bevor er meint:

„Wenn du möchtest, will auch ich dir helfen."

„Wie könnten Sie mir denn helfen?", gebe ich niedergeschlagen zurück. Ich kann ja wohl schlecht hier einziehen.

„Zuerst werde ich dich und Recep heute in die Schule begleiten. Dort klären wir dann das Problem mit diesem Mendes. Anschließend werden Recep und ich dich nach Hause bringen. Dann können dein Vater und ich dieses Problem friedlich aus der Welt schaffen. Ich glaube nicht daran, dass Menschen sich nicht ändern könnten. Denn im Grunde sind wir ja alle gleich ..."

Wieder lassen alte, grausame Erinnerungen, die er am liebsten vergessen würde, ihn verstummen.
„Sie kennen meinen Vater nicht", entgegne ich.
„Nein, das tue ich nicht. Aber dein Vater ist genauso ein Mensch wie du und ich. Niemand macht absichtlich etwas Dummes. Und wenn sie es doch tun, dann wissen sie es einfach nicht besser." ((

Steckbrief
SALLY

»Dunkler Schatten«
Altersempfehlung
ab 12 Jahren

Wohnhaft in Österreich/Niederösterreich

Alter beim Schreiben des Textes 13 Jahre

Geburtsjahr 2002

Klassenstufe 7

Hobbys Schlagwerk, schreiben, lesen, Sport

Berufswunsch Autorin

Die Idee hinter diesem Text Ich las ein trauriges Buch und überlegte mir dazu ein Gedicht.

DUNKLER SCHATTEN

Dein dunkler Schatten, er verfolgt mich,
er macht mir Angst, denn er erinnert mich an dich.
Dein Lachen, dein Gesicht,
das fehlt mir alles, doch du zeigst es mir nicht.
Du bist nicht mehr da,
so unscheinbar.
Für andere bereits verschwunden,
doch ich hab' mich noch nicht überwunden,
dir Lebewohl zu sagen,
und ich werde es nicht wagen,
dich zu verlieren.
Dann bist du weg, für immer,
und bleiben tut nur ein kleiner Schimmer
von Hoffnung und Frieden,
für die, die dich lieben.
Deine Stimme, sie werden wir nie vergessen,
mit der wolltest du dich immer messen.
Dein Traum war es, zu singen,
es später mal zu was zu bringen.
Dein Schatten, der singt immer noch weiter,
aber traurig, nicht mehr heiter.
Er besucht mich, Tag und Nacht,
ich glaube, dass er über mich wacht.
Er hilft mir, immer mehr,
und du sollst wissen,
ich vermisse dich sehr. ((

Steckbrief
LINDA IRIS BRAND

»Lass dein Bauchgefühl bestimmen,
es wird schon recht haben«

Altersempfehlung
ab 16 Jahren

Wohnhaft in Schweiz

Alter beim Schreiben des Textes 14 Jahre

Geburtsjahr 1999

Hobbys Snowboarden, klettern, Geschichten schreiben, schwimmen

Wie es zu diesem Text kam Meine Krankheitsgeschichte
und der Aufenthalt im Spital

Lass dein Bauchgefühl bestimmen, es wird schon recht haben.

Ich wollte nicht, dass es mir schlecht ging. Aber ich konnte nichts dagegen tun, auch wenn ich es noch so sehr gewollt hätte. Ich lag da, in diesem riesigen Krankenhaus, ich hatte so viele Gefühle in diesem Moment und trotzdem fühlte ich mich leer. Ich wusste nicht, was mit mir los war und wieso ich solche Schmerzen hatte, die Schmerzen waren so unerträglich. Und dann kamen auch noch diese Ärzte, die mein Blut wollten, dabei hatte ich solche Angst vor Nadeln. Ich kämpfte gegen die Ärzte, die mein Blut wollten an, obwohl das völlig irrsinnig war, weil sie mir ja nur helfen wollten.

Nachdem ich zu erschöpft war zum Weiterkämpfen, gab ich nach und sie nahmen mir Blut ab. Sie fanden nichts, was hätte erklären können, weshalb ich solche Krampfanfälle hatte. Also schickten sie mich wieder nach Hause und mein Zustand verschlimmerte sich zusehends. Meine Mutter, das merkte ich genau, war am Ende mit ihren Kräften. Auch wenn sie nie sagte, dass es wegen mir war, wusste ich, dass die Situation sie auszehrte, denn ich hatte beinahe jeden Abend einen ein- bis zweistündigen Anfall. Und – mittlerweile war ich auch erschöpft. Ich wusste nicht, was ich alles haben könnte, ich war ja erst dreizehn Jahre alt.

Irgendwann wurde mir bewusst, dass die Mediziner meinen Kopf – respektive mein Gehirn – nie angeschaut hatten. Ich wollte unbedingt, dass mein Gehirn untersucht wird, denn manchmal haben Kinder dieses Gefühl und sie wissen, dass niemand und nichts dieses Gefühl vertreiben kann, weil dieses Gefühl nicht nur ein Gefühl ist, sondern die Wahrheit. Es gibt mehr als nur diese wenigen Tests, die die Ärzte durchgeführt hatten, und einer Psychose. Es gibt ja auch nicht nur A und Z, sondern auch die Buchstaben von B bis Y. Ich will nicht mehr länger als Psychopathin hingestellt werden. Die Therapeuten waren immer alle nett zu mir, bis sie meine Krankenakte gesehen hatten. Ich überlegte mir schon so lange, was ich tun könnte, aber es fiel mir einfach nichts ein.

Es war wieder einer dieser Tage, an denen ich sehr wütend und traurig darüber war, dass ich eine „Psychopathin" sein sollte. Und Mam weinte schon wieder. Sue, meine Schwester, kam zu mir und meinte: „Rose, ich will dir helfen, aber ich weiß nicht wie!" Sie hatte eine so zittrige Stimme, dass es mir fast das Herz brach, sie sprechen zu hören.

Ich gab nur sehr leise und ebenfalls mit einem Weinen in der Stimme zurück: „Ich weiß es auch nicht, aber bitte hör auf, wegen mir zu weinen."

„Ich weine nicht wegen dir, sondern wegen unserer Situation."

Ich wusste, dass, wenn sie das sagte, es nur mich als Grund für das Tränenvergießen gab. Es wurde so leise, dass man eine Stecknadel hätte fallen hören. Und ich fing wieder an, mich zu ärgern, dass ich so tief in das Leben meiner Schwester eingriff. Mam schaffte es nämlich langsam nicht mehr alleine, sie war schon zu müde, also holte sie sich Hilfe bei meinen Geschwistern. Und mein Bruder versuchte, so gut es ging, mir zu helfen, doch er war maßlos überfordert. Ich nahm es ihm auch nie übel, denn ich wusste, dass er alles tat, was er konnte.

Ich hatte auch oft darüber nachgedacht, was wäre, wenn ich nicht geboren wäre? Würde es ihnen dann besser gehen? Ich kam aber nie zu einem Schluss. Und wie es so geschah, bekam ich noch am gleichen Abend einen Krampfanfall. Erschöpft und von aller Kraft verlassen lag ich wieder einmal da und starrte an die Decke. Ich wusste nicht wieso, aber das Starren an die Decke beruhigte mich. Ich ordnete auf diese Weise meine Gedanken, denn die waren das einzige, was ich noch hatte, welche nicht machten, was sie wollten. Auf meinen Körper konnte ich mich nicht mehr verlassen. Meine Gedanken waren das einzige, was ich noch beeinflussen und kontrollieren konnte. Kontrolle, die ich nur zu gerne auch über meinen Körper gehabt hätte. Wie immer, wenn ich in meinen Gedanken rumsuchte nach Antworten, kam mir die Frage, was mit mir los ist. Und wie immer fand ich keine Antwort. Es musste etwa fünf Uhr morgens sein, weil die ersten Autos draußen zu hören waren. Ich war erschöpft, doch schlafen konnte ich nicht.

Ich musste doch nochmals eingedöst sein, der Wecker riss mich nämlich um halb sieben aus dem Schlaf. Schläfrig richtete ich mich im Bett auf und schaute auf die Uhr, obwohl mir ja eigentlich klar war, wie spät es war. Ich machte mich für die Schule fertig. Der Blick in den Spiegel bestätigte mir das Gefühl, erschöpft zu wirken.

Es war ein ganz normaler Freitag. Nach der Schule ging ich noch etwas mit meinen Freunden raus. Wir trafen die Freunde einer Freundin. Ich wusste nicht so genau, was ich von ihnen halten sollte, denn der Geruch, dass sie gekifft hatten, lag streng in der Luft. Ich wurde aus meinen Gedanken gerissen, als mich ein kräftig ausschauender Junge fragte: „Willst du auch einen Zug?" Ohne zu überlegen, griff ich nach dem Joint und zog kräftig daran. Ich fing an zu husten.

Der Junge meinte grinsend: „Ist wohl dein erstes Mal." Ein Gemisch aus Husten und Nicken entstand. Der Junge lachte, was mich auch zum Lachen brachte. Wir gingen alle zusammen an den See. Ziemlich bekifft kam ich anschließend nach Hause. Es war schon spät und die Angst, wieder zu krampfen, wuchs. Doch zu meinem Erstaunen blieben mir die Anfälle heute Abend erspart.

Am Samstagmorgen, als ich wach wurde, machte ich mir Gedanken darüber, was ich gestern getan hatte. Ich war nicht besonders stolz darauf, aber es ging mir so gut und ich konnte endlich mal vergessen, dass ich eine Psychopathin sein sollte. So gegen Mittag machte ich mich wieder auf den Weg in die Stadt. Dort traf ich meine beste Freundin. Ich weiß nicht, was ich ohne sie wäre. Ich glaube, wenn ich sie nicht hätte, würde es mir noch schlechter gehen. Irgendwann kamen wir auf den gestrigen Abend zu sprechen und sie sagte mir, dass sie mich noch nie so erleichtert und glücklich gesehen habe. Sie sagte auch, dass die andern sich heute Abend wieder am See treffen würden und ob ich auch kommen möchte. Warum nicht, dachte ich mir und sagte zu.

Am Abend wurde natürlich wieder gedreht. Wir waren alle ziemlich high und saßen bis spät in die Nacht am Feuer und hatten einfach eine großartige Zeit. Irgendwann, um neun oder zehn Uhr, stieg mir doch wieder der Gedanke an einen Anfall in den Kopf, der verschwand aber schnell wieder. Und ich hatte den zweiten Tag in Folge keinen Krampfanfall.

Ich fragte den Jungen vom Vortag, der auch da war, woher er eigentlich das Gras habe. Er schaute mich an und sagte leicht spöttisch: „Warum? Willst du was kaufen?"

„Ja, es ist ja nur eine Frage, aber ja, ich könnte es mir vorstellen."

„Das ist aber nicht ganz ungefährlich."

Etwas schüchtern antwortete ich: „Na gut, wenn das so ist, dann baue ich es eben selbst an."

„Willst du jetzt was kaufen, oder nicht?"

„Kann ich wieder darauf zurückkommen?"

„Okay, hast wohl doch noch zu sehr Angst, dass dich die Bullen erwischen", spottete er und wandte sich wieder der Gruppe zu.

Ich zerbrach mir den Kopf darüber, ob die Drogen der Grund waren, weshalb ich keine Krämpfe mehr hatte. Doch wirklich schlau wurde ich daraus auch nicht, zumal ich nicht wirklich konzentriert war.

Es war Sonntag und mir war höllisch langweilig. Ich hatte nicht wirklich was zu tun. also dachte ich mir, ich mach mich mal im Internet schlau über diese ganze Drogensache. Ich stieß auf einen Beitrag von einem jungen Mann, der eine Krankheit hatte, von der ich den Namen nicht aussprechen konnte, doch die Symptome waren nahezu identisch mit meinen. Und er behandelte es, indem er Marihuana konsumierte. Er hatte eine Fehlfunktion im Hirn, was zu einem plötzlichen Verkrampfen des ganzen Körpers führte. Ich staunte nicht schlecht, als ich das las. Die Ähnlichkeit zu meinen Symptomen war nicht zu übersehen.

Kurz darauf rief ich den Jungen, der das Zeug anbaute, an und sagte ihm, ich wolle nun doch etwas Gras von ihm kaufen. Er fragte, ob ich mir sicher sei und ich meinte: „Ja, warum nicht."
„Okay, wie viel willst du? Und kannst du es selbst drehen oder muss ich das machen?"
„Gib mir fünf Joints und es wäre gut, wenn du sie drehen könntest."
„Das Drehen kostet aber extra, für alles zahlst du 30 Franken."
„Ja, okay, kannst du es mir am Mittwoch mitbringen?"
„Ja, geht klar und bevor ich es vergesse, wenn du irgendjemandem erzählst, von wem du das Gras hast, ist es das letzte Mal, dass du deinen Mund geöffnet hast." Mit diesen Worten endete unsere Unterhaltung.

Es wurde Abend und ich vermutete schon, dass ich wieder einen Anfall bekommen könnte, weil ich nichts geraucht hatte, und so kam es auch. Der folgende Abend verlief nicht anders. Am Dienstag war ich so ausgelaugt, dass es mir egal wurde. Ich weiß nicht, woran es lag, doch ich krampfte an diesem Abend nicht.

Etwas erholter ging ich am nächsten Tag mit dem Geld fürs Marihuana in die Schule, am Nachmittag ging der Deal dann über die Bühne. Wir trafen uns am See, dort gab ich ihm das Geld und er mir das Gras mit dem Ratschlag, es wäre besser für mich, wenn ich mich nicht erwischen lasse. Dann machte ich mich stumm auf den Heimweg. Ich überlegte lange, ob ich nun den Ersten anmachen sollte, doch ich entschied mich dagegen. Ich fühlte mich schlecht beim Gedanken daran, es meiner Mutter zu erklären, also ließ ich es fürs Erste sein. Mit den Folgen, die dann eintraten, musste ich halt leben. Ich krampfte wieder den ganzen Abend lang, das raubte mir die letzte Kraft.

Völlig fertig lag ich am nächsten Tag in meinem Bett.

„Sie wird heute nicht kommen", hörte ich meine Mutter am Telefon sagen. „Ja, sie hatte wieder einen Anfall." Danach folgte ein kurzes Schweigen und zum Schluss hörte ich sie sagen: „Ich werde es ihr ausrichten, auf Wiedersehen."

Jetzt hörte ich Schritte die Treppe hinunterkommen und dann stand meine Mutter im Türrahmen und sagte: „Deine Lehrerin lässt dich grüßen."

„Danke", piepste ich mit meiner erschöpften Stimme.

„Wie geht es dir?", fragte meine Mam und legte mir die Hand auf die

Wange. „Ging mir schon besser", erwiderte ich.

Zurückhaltend sprach ich das Thema mit den Drogen an. Ich bat sie, mich nicht zu unterbrechen, bis ich ihr alles erklärt hatte. Misstrauisch willigte sie ein. Ich erzählte ihr, dass ich vermutete, dass, wenn ich Marihuana konsumierte, meine Krämpfe ausblieben und dass ich es gerne versuchen möchte für längere Zeit. Sie war ziemlich geschockt, doch sagte sie, ich glaube aus Verzweiflung: „Na gut, aber ich will dabei sein. Wir versuchen es nur unter meiner Aufsicht."

Und das taten wir am Abend auch. Ich merkte, dass es meiner Mam nicht ganz geheuer war, auch wenn sie versuchte, es zu überspielen. Ich war vollkommen zugekifft. Wir versuchten die Situation nicht noch schlimmer zu machen, als sie war. Es ist ja nicht so, dass man jeden Tag vor seiner Mutter Marihuana raucht. Wir schauten einen Film und ich versuchte, ganz normal zu sein, sofern das in meinem Zustand ging. Um 23:00 Uhr schalteten wir den Fernseher aus und meine Mutter sagte: „Wenn du jetzt keinen Anfall mehr bekommst, glaube ich dir." Mit gemischten Gefühlen ging ich schlafen.

Einerseits war ich glücklich, einen Weg gefunden zu haben, den Krämpfen zu begegnen und auf der anderen Seite fand ich den Weg, wie ich ihnen entkommen konnte, nicht gerade den besten.

Drei weitere Tage vergingen mit Kiffen, und es waren drei weitere Tage, an denen mir jegliche Krämpfe erspart blieben. Mein Vorrat an Marihuana neigte sich dem Ende zu und ich musste mich um Nachschub bemühen. Deshalb traf ich mich wieder mit dem Dealer-Jungen und kaufte für knapp 200 Franken Gras. Der Junge staunte nicht schlecht, als ich ihm sagte, wie viel ich haben wolle. Zu meinem Erstaunen finanzierte meine Mutter das Ganze mit der Begründung: „Jedes Antidepressiva oder was auch immer würde mich auch Geld kosten."

Nach einiger Zeit bekam ich immer mehr das Gespür dafür, wann ich auch ohne die Drogen keinen Anfall bekam. Ich lag zwar nicht immer richtig, doch damit konnte ich leben. Ich wollte ja eigentlich nie Drogen konsumieren. Das war wohl auch der Grund, so glaubte ich, auch die Kraft zu haben, mir selbst zu sagen: „Nein, heute brauch ich es nicht!" Immer weniger abhängig vom Kiffen ging es mir sichtlich besser.

Nach gut acht Monaten hörten die Anfälle ganz auf, sie gehörten meiner Vergangenheit an. Ich hörte auf zu kiffen und lebte, wonach ich mich immer so gesehnt hatte, ganz normal. So normal, wie ein 14-jähriges Mädchen das halt tut, überglücklich, die Kraft in mir selbst gefunden zu haben! «

Matteo Loacker

Steckbrief
MATTEO LOACKER
ALIAS SKELETON GREEN

»Gib nie auf!«

Altersempfehlung ab 12 Jahren

Wohnhaft in Österreich/Vorarlberg

Alter beim Schreiben des Textes 10 Jahre

Geburtsjahr 2005

Klassenstufe 5

Hobbys Basketball, boxen, Geschichten/Bücher schreiben

Berufswunsch Rapper oder Videospielerfinder

GIB NIE AUF!

Ja klar ist es schwer zu leben und zu sein.
Manchmal geht es dir nicht gut, manchmal hast du richtig Schwein,
manchmal ist jeder gemein,
manchmal hast du es ganz fein.
Das ist Leben!
Manchmal ist es ganz schön, manchmal kann es richtig beben.
Hunderte von Streitereien treten nur durch Kleinigkeiten ein.
Und sie gehen nicht mehr. Nein, sie bleiben bis wir vor Wut nur schreien.
Ich schreibe das hier, weil es mir grad echt beschissen geht
und ich möchte dir nur sagen, wenn du mal um Hilfe flehst, denk an mich.
Es geht nicht jedem immer gut,
während es andere genießen, sitzen wir hier auf der Glut.
Manchmal sitz ich in meinem Zimmer und weine.
Ich hab ein Nest gebaut, Mann, ich werde es nicht verlieren.
Manchmal geht's mir nicht gut. Ich denke mir geht's scheiße
und ich denk meist nicht um, nicht mal mit allem Fleiße.
Langsam geht es mir schon besser.
Ich spür ein Tröpfchen Hoffnung und es wird immer nässer.
Die Hoffnung wird groß.
Ich denke es wird Zeit, der Tropfen Hoffnung eilt.
Hoffentlich sehr weit.
Ihr werdet ihn noch spüren, seid alle Zeit bereit.
Gib nie auf!

Steckbrief
SOPHIE HEINIG

»Er hatte keine Kraft mehr«
Altersempfehlung ab 16 Jahren

Wohnhaft in Deutschland/Sachsen

Alter beim Schreiben des Textes 14 Jahre

Geburtsjahr 2001

Klassenstufe 9

Hobbys Reiten, schwimmen, Trompete spielen, nähen, kochen, malen, lesen, Schülerzeitungs-Mitglied

Berufswunsch Umwelt- und Recyclingstechnik

Wie es zu diesem Text kam Lied der A-Cappella Band "Wise Guys" namens "Tim"

Er hatte keine Kraft mehr

Es gibt Dinge im Leben, die verzeihst du dir nie. Sie sind wie ein dunkler Schatten, der über dir hängt. Eine Schuld, die du nicht loswirst, die du jeden Tag aufs Neue wieder spürst. Es gibt Menschen, die durch ihr Fehlen dein Leben mehr beeinflussen, als sie es tun würden, wenn sie heute noch bei dir wären. So ein Mensch ist Ruben für mich. Seit mehr als fünf Jahren ...

„Opfer", riefen die Jungs und ich wandte mich ab. Am Anfang hatte ich manchmal noch protestieren wollen, wenn die Jungen meiner Klasse wieder damit anfingen, aber inzwischen interessierte es mich kaum noch. Meine Freundinnen hatten mir erzählt, dass Ruben schon seit Jahren „ausgegrenzt" wurde; das Wort „gemobbt" hatten sie konsequent vermieden. Manchmal tat er mir ja auch leid, aber da ich selbst noch recht neu war, hielt ich mich meist raus. So wie jetzt. Statt etwas zu sagen, ging ich einfach in das Zimmer. Dort erwartete uns die Lehrerin Anfang der Stunde mit einer „Aufgabe, die uns sicher Spaß machen würde". Eine todlangweilige Partnerarbeit.

„Natalia?" Ich fuhr herum. Ruben stand hinter mir.

„Können wir zusammenarbeiten?" Ich zuckte mit den Schultern. Sophia war nicht da, da hatte ich sowieso erst mal keine Partnerin zum Arbeiten.

„Ja, klar." Ich mühte mich, zu lächeln.

So dumm war Ruben wirklich nicht. Wir arbeiteten fleißig und gegen Ende der Stunde hatten wir etwas Zeit, zu reden. Ich hatte mit Ruben vorher kaum mehr als ein paar Worte gewechselt, aber jetzt plötzlich bereute ich es. Er war sympathischer als jeder andere Junge, dem ich je begegnet war. Während wir redeten, merkte ich, wie offen er mit mir sprach. An sich war er total nett, ich konnte nicht verstehen, was die Jungen meiner Klasse gegen ihn hatten. Und deshalb fragte ich einfach geradeheraus.

Ruben sah weg. „Sie lachen über mich, meine Hobbys, meine Eltern – und über meine Schwester..."

„Aber", begann ich verwirrt. Dann überlegte ich es mir anders. „Was ist denn mit deiner Schwester?"

„Sie arbeitet ... na ja, in einem Bordell", sagte er verlegen. Ich biss mir unschlüssig auf die Lippe: Was sollte ich darauf denn antworten?

„Nicht das, was du jetzt denkst", meinte Ruben hastig. „Sie kümmert sich bloß um die Buchhaltung. Sie nennen sie trotzdem Schlampe." Ich atmete tief durch und sah zu Boden.

„Sie wollen mein Geld; sie bedrohen mich", fuhr er fort. Während er redete, fiel mir auf, wie tonlos Ruben das alles erzählte. So, als würde ihn das kaum berühren. Viel zu spät erst merkte ich, wie verzweifelt er war.

„Natalia", begann er irgendwann, „ich schaffe das einfach nicht mehr. Ich halte das nicht mehr aus." Er wirkte so traurig, so fertig, dass mir schlecht wurde.

„Es muss doch irgendetwas geben, was du tun kannst", überlegte ich.

„Aber was denn?", wollte Ruben wissen.

„Du könntest die Schule wechseln", meinte ich. Okay, das war eine Schnapsidee. In der Nähe unseres Dorfes gab es keine andere Schule. Auch Ruben schüttelte den Kopf.

„Die einzige Möglichkeit ist, es zu beenden." Dann klingelte es zum Schulschluss und Ruben ging, ohne sich umzudrehen, aus dem Zimmer. Der Rest des Tages zog sich ewig hin. Statt Hausaufgabe zu machen, wie es sich für eine vorbildliche Schülerin wie mich gehörte, saß ich auf meinem Bett und dachte nach. Wenn Ruben sich doch wenigstens wehren würde. Mein Kopf schmerzte. Ich hatte mich nie wirklich um ihn gekümmert, aber jetzt ... Irgendetwas musste ich doch tun. Ich dachte an Ruben, stellte mir sein Gesicht vor, ging unser Gespräch noch einmal durch. Er sagte sonst nicht viel, aber ausgerechnet heute hatte er sich ausgerechnet mir geöffnet. Er war mir so sympathisch erschienen. Wahrscheinlich hatten die Jungs anfangs nur Spaß gemacht, ihn zu mobben. Aber er hatte sich nie gewehrt. Dann war es schlimmer geworden. Ich schüttelte den Kopf; da war noch etwas anderes, etwas, das ich nicht richtig begreifen konnte.

Ruben war einfach ein Mensch, der wenig redete. Und all die Demütigung und der Scham durch das Mobbing – das war wie eine Barriere um ihn geworden. Etwas, womit er sich schützen wollte, aber sich gleichzeitig einsperrte. Wie ein Gefängnis. Es hinderte ihn daran, mit jemandem zu reden, sich helfen zu lassen. Und ich war die Einzige, bei der diese Barriere begonnen hatte zu bröckeln. Die Einzige, der Ruben sich anvertraut hatte. Vielleicht war ich auch die Einzige, die ihm helfen konnte. Ruben musste gewusst haben, dass ich das verstehen würde, sonst hätte er mir das alles nicht gesagt. Ihm war selbst klar, dass er ein Gefangener war und dass ich die Einzige war, die ihn retten konnte. Er war ein Mensch, den man nur durchschauen konnte, wenn man ihm gegenüber neutral und offen eingestellt war. Jeder andere in meiner Klasse dachte vorurteilsvoll über ihn – dadurch verstand ihn keiner. Ich hatte erst ein paar Mal mit Ruben gesprochen und obwohl wir sonst nichts miteinander zu tun hatten, hatte ich plötzlich das Gefühl, ihn wirklich zu kennen. Ihn zu verstehen. Und ich wusste, dass ich seine letzte Hoffnung war; schon allein deshalb vertraute er mir.

Ich musste jetzt handeln, jetzt, bevor es zu spät war. Unbewusst griff ich nach meinem Handy. Vielleicht hatte ja irgendjemand aus der Klasse Rubens Nummer, auch wenn ich kaum daran glaubte. Verwirrt sah ich auf das Display. Eine Nachricht von Unbekannt. Ich runzelte die Stirn, tippte vorsichtig auf das Brief-Symbol.

Liebe Natalia, ich danke dir für alles, was du für mich getan hast. Das werde ich dir niemals vergessen. Ich wollte dir nur sagen, dass ich einfach nicht mehr kann. Ich gehe zum Inn, an den kleinen Fischersteg. Danke für alles. Leb wohl. Ruben.

Mein Herz blieb stehen, mein Atem stockte. Nein! Das durfte nicht wahr sein. Mit zitternden Fingern wählte ich die Nummer, von der die Nachricht kam.

„Hallo. Hier ist die Mailbox von 0176/ 55061801. Ihr Anruf kann zurzeit leider nicht entgegengenommen werden. Bitte hinterlassen Sie eine Nachricht nach dem Signalton", sagte die Blechstimme des Anrufbeantworters.

„Mist, Mist, Mist!", schrie ich und dann: „Ruben, wenn du das hörst; bleib wo du bist. Stell keinen Unsinn an! Ich komme zu dir. Wir finden eine Lösung, ganz sicher. Bitte, tu das nicht!" Ich fing an zu schluchzen. „Bitte ..." Dann legte ich auf und stürzte in die Garage. Meine Eltern waren noch nicht zu Hause; es war mir auch egal. Hastig schwang ich mich auf mein Fahrrad und fuhr die Landstraße entlang zum kleinen Fischerhafen am Ostufer des Inn. Der Wind blies heftig, das Blut rauschte in meinen Ohren, ich begann zu keuchen. In der Nähe des Hafens war Fahrverbot; völlig egal. Ich raste zum Uferhang und sprang vom Fahrrad. Klappernd fiel es um, ich scherte mich nicht weiter darum. Die letzten Meter zum Fluss rannte ich.

„Ruben!", schrie ich gegen den Wind. „Ruben!" Keine Antwort. Und wieder: „Ruben! Wo bist du?" Mein Blick wanderte über das kleine Bootshaus bis hin zum Fluss. Am anderen Ufer, einige Meter flussabwärts glaubte ich, eine schwarze Jacke im Wasser erkennen zu können. Ohne zu zögern, stürzte ich mich in den winterkalten Fluss.

„Ruben!", rief ich wieder und wieder. Niemand antwortete. Je näher ich der schwarzen Jacke kam, desto kälter wurde mir und desto schneller schwanden meine Kräfte. In der Mitte des Flusses war die Strömung einfach zu stark. Irgendwann musste ich umdrehen. Ich starrte den Fluss entlang, immer noch im Wasser. Dass ich fror, spürte ich gar nicht. In der Nähe gab es keine Brücke, keine Chance, auf die andere Seite zu gelangen. Zitternd stieg ich aus dem Wasser, Tränen liefen mir über die Wangen. Es war vorbei. Es war endgültig vorbei.

Ich war schuld. Ich hätte ihm helfen können, ihn retten. Ich hatte es nicht getan. Ich hätte schneller sein müssen. Ich hätte ihn davon abhalten können. Ich hätte die Barriere, diese Mauer, diese Fassade aus Schmerz und Demut; ich hätte sie einreißen können. Ich hätte sein Gefängnis zerstören können. Und ich hatte es nicht getan. Ich war nicht schnell genug gewesen. Ich war zu spät.

„Ruben!", schrie ich verzweifelt über den Fluss. Und noch einmal: „Ruben! Es tut mir so leid!" Dann fing ich an zu schluchzen.

Rubens Leiche wurde am nächsten Tag gefunden. Man sprach von Selbstmord, die Gründe blieben ungeklärt. Ruben hatte seine Probleme nie seinen Eltern anvertraut. Ich schwieg, wie ich es so oft getan hatte. Die Jungs meiner Klasse reagierten teils geschockt, teils abwertend. Einige betonten, dieses Ende nicht gewollt zu haben; andere meinten lediglich, sie träfe keine Schuld. Auch dazu schwieg ich; ich hatte nie etwas darüber gesagt, also tat ich es auch jetzt nicht. Nach der 10. Klasse zog ich mit meinen Eltern um, wechselte die Schule und dachte danach nie wieder an meine alte Klasse zurück. Nach dem Abitur begann ich, Germanistik zu studieren, wobei ich auch bis heute geblieben bin. An meine Klasse denke ich nicht mehr; an Ruben schon. Es ist meine Schuld und es ist eine Schuld, die mich Tag für Tag verfolgt.

Ruben war ein wirklich besonderer Mensch. Nie habe ich vor ihm oder nach ihm jemanden gesehen, der so sehr in seiner eigenen Welt lebte wie er, der so in seiner Welt gefangen war. Ich bin mir sicher, dass er das auch wusste. Ich weiß, dass er mir nicht böse ist; das weiß ich einfach. Er hat es so gewollt und er war mir dankbar für mein Handeln. Er hat mir vertraut, aber letztendlich hat er seine Entscheidung selbst getroffen. Nie habe ich darüber nachgedacht, warum Ruben sich ausgerechnet an mich gewandt hat. Das habe ich einfach so hingenommen.

Am Tag nach Rubens Tod fanden seine Eltern in seinem Zimmer zwei Briefe, den einen adressiert an sie, den anderen an mich. Ich bekam den Brief ohne Kommentar. Nie habe ich ihn gelesen; ich habe ihn nicht einmal geöffnet. Doch ich nehme ihn jeden Tag wieder in die Hand, starre auf meinen Namen. Das Papier ist vergilbt, die Schrift verblasst. Wenn mein Freund mich fragt, was in dem Brief steht, so weiche ich aus. Ich kann es niemandem sagen. Ich habe ihn nie geöffnet. Doch ich glaube, es dennoch zu wissen. Ich weiß, was in diesem Brief steht.

„Ich bin frei." Mehr wird da nicht stehen und wenn ich es irgendwann einmal schaffe, die Tatsachen zu akzeptieren und den Brief zu öffnen – dann werde ich das auch sehen. «

Steckbrief
YIFEI YU

»Von A bis Z –
Veränderungen im Leben«
Altersempfehlung ab 10 Jahren

Alter beim Schreiben des Textes 15 Jahre

Geburtsjahr 2000

Klassenstufe 10

Hobbys Badminton, zeichnen, Klavier spielen, Schlittschuhlaufen

Wie es zu diesem Text kam Eine Aufgabenstellung aus dem Deutschunterricht zum Thema "Das Ich im Gedicht"

Von A bis Z – Veränderung im Leben

Anfangs ist jeder gut und rein.
Begibt man sich weiter auf dem Pfad des Lebens,
Charakter verändert sich bei jedem.
Der meine auch.
Eigentlich will ich das nicht.
Freunde gehen, neue Freundschaften,
neue Menschen im Leben, andere gehen, aber warum?
Geht nicht! Mein Leben ist doch so schön.
Hier und da verändert sich das Leben.
Ich verändere mich.
Jedoch warum?
Kann ich nicht so bleiben wie ich will?
Leben kann doch unverändert fortlaufen,
Mag keine Veränderung, sie sind doof.
Nicht nur das, auch ungewohnt, macht mir Angst.
Ohne Veränderung, besser!
Planung im Leben.
Quer umher leben ist nichts für mich, zu viel Veränderung.
Reue und Freunde bleiben.
Stellt euch das vor!
Tatsache ist, ich will, dass alles so bleibt
Und steht, eingefroren,
Vertraut, überall.
Wieso nicht? Schönes Leben.
Xenia ist hier,
Yvonne auch. Das Leben ist schön genug!
Zeigt und beweist mir doch das Gegenteil! «

Steckbrief
LENA WACHTENDORF

»Bewegungsunfähig?«
Altersempfehlung ab 12 Jahren

Wohnhaft in Deutschland/Rheinland-Pfalz

Alter beim Schreiben des Textes 15 Jahre

Geburtsjahr 2000

Klassenstufe 10

Hobbys Reiten, Theater spielen, schreiben, Filme drehen

Berufswunsch Natural Horsemanship Trainerin, Regisseurin

Wie es zu diesem Text kam Ich hatte ein Drehbuch für einen Film verfasst, das habe ich dann in eine Geschichte umgeschrieben.

Bewegungsunfähig?

Koblenz 1856

167

Gedankenverloren sitze ich da. Um meinen schmerzenden Rücken etwas zu entlasten, habe ich mich gegen die raue Hauswand hinter mir gelehnt und die, in einer zerrissenen Hose steckenden Beine ausgestreckt. Ich nehme nicht viel Platz auf dem breiten Gehweg ein, doch trotzdem machen die meisten Menschen einen großen Bogen um mich. Sie blicken starr nach vorne, haben den Kopf entweder gehoben oder gesenkt, halten ihn so, um ja nicht einen Blick auf mich werfen zu müssen. Und ich kann es ihnen nicht verübeln. Ich selbst würde an jemandem wie mir auch mit raschen Schritten vorbeieilen, den zerknitterten Hut, der ein paar Geldmünzen beinhaltet, ignorieren und mich angewidert schütteln, wenn ich die dreckigen Kleidungsstücke sähe.

Wer würde nicht so reagieren? Obdachlose wie ich gehören der untersten Schicht in der Gesellschaft an, ohne einen Beruf mit einem ertragbaren Einkommen und ohne ein Zimmer zum Wohnen. Doch wie sollte sich meine Lage schon bessern? Früher, bevor die ganzen Menschen vom Land in die

Stadt kamen, hatte ich auf einem kleinen Bauernhof gelebt und mich um Felder und Vieh gekümmert. Ich hatte hart gearbeitet und doch habe ich meine Arbeit geliebt. Hatte es geliebt, bei Wind und Wetter auf meinen Feldern zu stehen, hatte es geliebt, mit dem Karren zu anderen Höfen und Häusern, die unten am Rhein lagen, zu fahren und die Milch meiner Kühe zu verkaufen. Doch das alles gibt es nun nicht mehr und ich werde es nie wieder erleben.

Vor zwei Jahren hat sich mein Sohn dazu entschieden, den Landbetrieb aufzugeben und in einer Stadt nach Arbeit zu suchen. Und was hätte ich anderes tun sollen, als ihm zu folgen? Ich bin zu alt für die Arbeit auf einem Hof und Geld verdient man damit heutzutage auch nicht mehr. Und nun sitze ich hier und lebe von dem, was andere Bürger mir schenken. In den Fabriken kann man jemanden in meinem Alter nicht gebrauchen und außerdem ist die Stadt von Menschen, die dort Arbeit suchen, sowieso schon überfüllt.

Ich seufze. Eine Frau, die ein edles Kleid und einen schicken Hut trägt, geht kopfschüttelnd an mir vorbei. Ein junger Mann tritt im Vorbeilaufen gegen meinen Hut und die Münzen kullern über die Steine. Langsam stehe ich auf. Meine Beine tun weh, und ich kann mich nur noch langsam bewegen. Schon seit Jahren vermisse ich es, über Wiesen mit hohem Gras zu laufen oder auf die Mauern einer der Burgen im Rheintal zu klettern. Ich bücke mich nach den Münzen, die am nächsten bei mir liegen geblieben sind, mir fehlt die Kraft, nach den anderen zu suchen. Schwerfällig setze ich mich wieder und wickel mir eine alte Wolldecke zur Abwehr gegen die Kälte um, die sich langsam bemerkbar macht. Nachts oder bei Regen ist es immer am schlimmsten, auf der Straße zu leben. Vor allem, wenn man sich nirgendwo unterstellen kann, wo man vor dem Wetter geschützt ist.

Langsam wird es dunkel. Nur noch wenige Menschen sind in der Dämmerung auf den Straßen unterwegs, viele haben Angst, überfallen und ausgeraubt zu werden. Auch wenn ich mir nicht täglich etwas zu essen kaufen kann, habe ich noch niemals jemanden bestohlen und ich finde es abscheulich, dass es Menschen gibt, die anderen ihren Besitz wegnehmen. Geschrei reißt mich aus meinen Gedanken und ich sehe auf die Straßenseite, die mir gegenüber liegt. Eine Gruppe von Kindern steht dort, sie alle sind dünn gekleidet, einige von ihnen tragen nicht einmal Schuhe. Sie sehen abgemagert aus, haben verfilztes Haar und traurig blickende Augen. Ich weiß, dass es Waisenkinder sind, Kinder, die auf der Straße leben, ohne eine Mutter, die ihnen etwas kocht, die sie abends ins Bett bringt und sich um sie kümmert. Wenn ich doch noch etwas jünger wäre und mich noch etwas mehr bewegen könnte, würde ich zu ihnen gehen und ihnen einen sicheren Platz für die Nacht suchen. Vielleicht würde ich sogar eine Familie finden, die bereit wäre, sie aufzunehmen ... Ich schüttele traurig den Kopf, denn für eine solche Tat fehlt mir eindeutig die nötige Kraft und Beweglichkeit. Doch mir kommt eine andere Idee. Langsam greife ich nach dem Hut, der noch immer vor mir liegt und zähle das Geld. Viel ist es nicht.

Dann erhebe ich mich in der gleichen Geschwindigkeit und setze langsam einen Schritt vor den anderen. Von dem langen Sitzen sind meine Knie steif geworden und es fällt mir schwer, mich in einem einigermaßen akzeptablen Tempo zu bewegen. Doch weit ist mein Weg nicht. Gleich an der nächsten Ecke liegt eine Bäckerei, die nicht ganz so teure Ware verkauft, wie die Geschäfte in den reicheren Vierteln der Stadt.

Eine Glocke läutet, als ich eintrete und ein schlecht gelauntes Mädchen fragt mich, was ich haben möchte. Ich kaufe das billigste Brot, das der Laden anbietet und verlasse ihn genauso langsam, wie ich ihn betreten habe. Mit gekrümmtem Rücken überquere ich die Straße, jeder Schritt bereitet mir Schmerzen. Doch der Weg hat sich gelohnt, ganz egal, wie stark meine Schmerzen auch sind. Ich breche das Brot in mehrere Stücke, ein Messer zum Zerteilen kann ich mir nicht leisten. Dann gebe ich jedem der Waisenkinder ein Stück von dem Brot, das kleinste behalte ich für mich selbst. Es macht mich glücklich, zu sehen, wie sie lachen, sich freuen und sich strahlend bei mir bedanken. Das Brot haben sie schnell gegessen, wahrscheinlich haben sie tagelang hungern müssen. Gerne würde ich ihnen noch mehr geben, doch dafür habe ich nicht genügend Geld. Langsam gehe ich wieder zu meiner Decke und meinem Hut auf der anderen Straßenseite und als ich mich erschöpft an die kalte Hauswand lehne, erblicke ich eine Frau mit zwei großen Einkaufskörben, die bei den Kindern mir gegenüber steht und ihnen etwas Obst von ihrem Einkauf gibt. Sie dreht den Kopf, lächelt mir zu und dann überquert sie die Straße und reicht auch mir einen Apfel. Ich bedanke mich und gleichzeitig wird mir bewusst, dass man sich körperlich nicht viel bewegen muss, um eine Bewegung zu starten. **《**

Steckbrief
JOHANNA LUISE FROMMELT

»Grüne Flecken«

Altersempfehlung ab 12 Jahren

Wohnhaft in Deutschland/Sachsen-Anhalt

Alter beim Schreiben des Textes 16 Jahre

Geburtsjahr 1999

Hobbys Lesen, Theater, Film

Wie es zu diesem Text kam Die Geschichte entstand im Religionsunterricht der Klassenstufe 10. Die Aufgabe bestand darin, eine Sintflutgeschichte zu schreiben, die im Jahr 2100 spielt.

GRÜNE Flecken

Gestern war Silvester. Die Jahrhundertwende zum Jahr 2100 wurde natürlich überall groß gefeiert. Ich war auf keiner Party, für so etwas reicht meine Zeit nicht. Nur mit einigen Geschäftspartnern habe ich mich getroffen und angestoßen. Ein Missgeschick ist mir passiert: Mein neues Sakko hat jetzt grüne Flecken und ich weiß nicht, wo die herkommen.

2100. Wie groß und positiv diese Zahl klingt. Genauso positiv soll das Jahr für meine Firma werden. Ich will mich auf nichts anderes konzentrieren, damit ich so erfolgreich wie möglich werde. Zum Glück wohne ich nicht in der Nähe von einem Meer oder einem großen Fluss. In den letzten Wochen haben die Überschwemmungen an der Küste extrem zugenommen. Viele Menschen mussten evakuiert werden, weil ihre Häuser zerstört wurden. Da gibt die Regierung wieder so viel Geld aus, das man für bessere Zwecke hätte einsetzen können. Wenn es nach mir ginge, würde ich diese Menschen nicht unterstützen. Hätten sie auch nur ein bisschen nachgedacht, wären sie weggezogen, bevor die Überschwemmungen sie erreichten. Es ist ja kein Geheimnis, dass der Wasserspiegel weiter ansteigt. Das Wetter soll dieses Jahr auch nicht besonders toll werden, die Meteorologen haben viel Regen angekündigt. Die Situation der Menschen an den Küstengebieten wird sich noch weiter verschlimmern. Aber solange das den Erfolg meiner Firma nicht beeinträchtigt, kann es mir egal sein.

Neuerdings geht es meinem Bruder psychisch schlechter. Er war schon immer ein seltsamer Kauz, der in seinem Haus haufenweise Schrott ansammelte. Aber jetzt hat er mir erzählt, dass er Stimmen in seinem Kopf hört, die ihm befehlen, was er tun soll: „Untergehen wird sie. Die ganze Erde!" Schon klar. Deshalb fängt er nun an, DNA-Sätze zu sammeln. Er meint, er will sie von allen Tieren und Pflanzen haben, die es gibt, damit diese nicht aussterben. So ein Spinner! Ich habe überlegt, mal mit ihm zum Arzt zu gehen, aber er würde sowieso nicht mit mir mitkommen. Außerdem habe ich keine Zeit, mich mit ihm zu beschäftigen. Eine Firma leitet sich nicht von allein. Es wäre auch nur hinderlich, wenn mich jemand mit ihm zusammen sieht. Wer will schon einen Geschäftspartner haben, dessen Bruder geistig verwirrt ist? Mein Bruder ist erwachsen und kann sich selbst um seine Probleme kümmern.

Jetzt ist es schon April. Wie schnell die Zeit vergeht. Mit meiner Firma habe ich große Fortschritte gemacht. Die Meteorologen haben Recht behalten, in den letzten Monaten hat es wirklich viel Regen gegeben. Seit einer Woche regnet es ununterbrochen. Ich bekomme dauernd Spendenanfragen für Opfer der Überschwemmungen. Diese Leute meinen, ich, als erfolgreicher Unternehmer, solle spenden. Ich verschwende mein Geld doch nicht an irgendwelche Obdachlosen! Was hätte ich denn davon? Wenn ich irgendwem Geld gebe, soll später auch etwas für mich dabei rausspringen.

Mein Bruder arbeitet seit einiger Zeit an einem neuen „Projekt". Aus den ganzen Schrottteilen, die er über Jahre hinweg angesammelt hat, will er jetzt ein Raumschiff bauen. Kaum zu glauben, aber er ist überzeugt davon, dass es fliegen wird. Dem ist nicht mehr zu helfen. Dafür hat er sogar ein altes Triebwerk von der NASA gekauft. Ein haushohes Aggregat übersät mit grünen Flecken. Das bisschen Geld, was er verdient! Und dann gibt er es für solchen Müll aus. Wenn er Pleite geht, werde ich ihm garantiert kein Geld geben! Dann faselt er noch ständig davon, dass ich zu ihm in das Raumschiff kommen soll, wenn die Erde überflutet wird, damit wir überleben. Lächerlich! Ich glaube, er merkt gar nicht, dass ich ihm kaum zuhöre. Für das Geschwätz eines Irren habe ich einfach keine Nerven. Ich muss mich ab jetzt von ihm fernhalten, was sollen sonst die Leute von mir denken? Eigentlich weiß ich gar nicht, warum ich überhaupt noch nach ihm sehe. Wahrscheinlich habe ich einfach das Gefühl, dass ich für meinen Bruder da sein muss, obwohl es dazu eigentlich keinen Grund gibt.

Es ist Mai. Der Regen ist viel stärker, als vorausgesagt wurde! Es ist alles ganz schnell gegangen. Sämtliche Straßen hier haben sich in Flüsse verwandelt. Und noch immer ist kein Ende des Regens in Sicht. Es wüten heftige Stürme, die flachen Gebiete im Norden sind komplett überflutet. Dort steht kein Haus mehr. Alle Menschen, die nicht rechtzeitig evakuiert werden konnten, sind ertrunken. Es gibt keine genauen Angaben, aber es müssen Millionen Tote sein. Hier, wo ich wohne, werden die Menschen nun auch evakuiert. Wir sollen alle so schnell wie möglich ins Gebirge, wo wir in Notunterkünften untergebracht werden. Niemand kann sagen, wie lange wir dort bleiben müssen oder wie weit sich die Überflutungen noch ausbreiten werden. Jeder darf nur eine kleine Tasche mit dem Nötigsten mitnehmen. Aber das Schlimmste ist, dass ich meine Firma nun vergessen kann. Ich habe so hart gearbeitet und so viel Geld verdient. Selbst wenn der unwahrscheinliche Fall eintritt und meine Gebäude nicht beschädigt werden, nach einer solchen Katastrophe wird niemand mehr meine Produkte kaufen. Alles umsonst, das schöne Geld. Wie soll es jetzt bloß weitergehen?

Ich nehme meinen kleinen Koffer und sehe mich noch einmal in meinem Haus um. Im unteren Geschoss steht das Wasser schon fast 10 cm hoch. Ich habe das Gefühl, dass ich mein Zuhause nie wiedersehen werde. Seufzend gehe ich nach draußen. Sofort peitscht mir der Regen ins Gesicht und durchnässt mich bis auf die Haut. Die Straße ist leer, ich bin einer der letzten, die sich auf den Weg machen. Ich steige in mein Auto und fahre los. Durch den starken Regen kann ich zwar kaum etwas sehen, aber zum Glück kenne ich den Straßenverlauf gut und außer mir ist kein Auto unterwegs. Rechts und links von mir spritzen hohe Wasserfontänen auf. Plötzlich denke ich an meinen Bruder. Weiß er, wo er hin muss? Ich bezweifle, dass er überhaupt mitbekommt, was hier vor sich geht. Bestimmt sitzt er in seinem „Raumschiff" und wartet darauf, dass es losfliegt. Abrupt bremse ich und drehe um. Als ich bei seinem kleinen Haus ankomme, springe ich aus dem Auto. Sein Raumschiff hat er anscheinend fertig gebaut. Ein wirklich großer Klotz.

Er rennt auf mich zu: „Ich bin so froh, dass du endlich da bist. Ich hatte schon Angst, du glaubst mir nicht und ertrinkst, wie alle anderen. Jetzt komm schnell in das Raumschiff, wir müssen so bald wie möglich losfliegen."

„Für solche Spielereien haben wir jetzt keine Zeit", erwidere ich hastig. „Weißt du denn nicht, was hier draußen vor sich geht? Alles wird überschwemmt. Wir müssen so schnell wie möglich ins Gebirge. Komm jetzt sofort mit, sonst wirst du ertrinken!"

„Nein, du wirst ertrinken, wenn du dort hingehst. Und du weißt nicht, was vor sich geht. Gott hat zu mir gesprochen, er schickt eine zweite Sintflut. Die Menschen werden immer schlechter, sie zerstören ihren eigenen Planeten und denken nur noch ans Geld. Du bist nicht besser als alle anderen, aber ich liebe dich trotzdem, weil du mein Bruder bist. Deshalb wünsche ich mir, dass du mit mir zusammen überlebst. Dann können wir durch die DNA-Sätze, die ich gesammelt habe, das Leben auf der Erde wiederherstellen. Ich habe alles Nötige dabei. Bitte, bleib hier." Jetzt ist er komplett durchgedreht. Er hält sich für den zweiten Noah. Mit flehendem Blick sieht er mich an.

„Du glaubst doch nicht wirklich, dass dieses Schrottteil fliegen wird."

„Es wird fliegen, vertrau mir", sagt er zuversichtlich.

Am liebsten würde ich ihn einfach packen und in mein Auto zerren, aber ich weiß, dass das nichts bringen würde. Er ist so überzeugt von seinen verrückten Fantasien, freiwillig würde er nicht bei mir bleiben. Krampfhaft überlege ich, wie ich ihn überreden kann. Derweil prasselt der Regen hart und gnadenlos auf uns herab. Ich spüre, wie das Wasser langsam an meinen Beinen hochsteigt. Die Zeit drängt. Wenn wir hier noch länger herumstehen, wird das Auto nicht mehr fahren. Und zu Fuß schaffen wir es nie rechtzeitig zum Sammelpunkt. Ich muss etwas tun, sofort.

„Na schön, ich komme mit dir in dein Raumschiff. Dann kannst du ja versuchen, es zum Fliegen zu bringen. Wenn du siehst, dass das nicht funktioniert, kommst du mit mir ins Gebirge." Ich sehe meinem Bruder die Erleichterung an.

„Dann komm, du wirst sehen, es fliegt." Wir waten durch das inzwischen knietiefe Wasser. Das Raumschiff steht auf einer von ihm gebauten Erhöhung. Durch eine kleine Tür gelangen wir ins Innere. Ein runder Schacht mit einer Leiter führt nach oben. Es ist überraschend warm. Als ich die Wände sehe, bin ich einen Moment lang überwältigt. Überall glitzern kleine beschriftete Reagenzgläser. Das müssen die DNA-Sätze sein. Mein Bruder führt mich zu einem Pult mit vielen bunten Knöpfen. Ich warte ungeduldig, bis er mit seinen Eingaben fertig ist. Zufrieden sage ich: „Siehst du es jetzt endlich ein? Dieses Schrottteil kann nicht ..." Auf einmal geht ein Ruckeln durch das Raumschiff. Ich stoße einen entsetzten Schrei aus.

„Es fällt um, wir müssen hier raus! Komm schon!" Ich packe seinen Arm und will ihn zur Tür ziehen, bis ein weiteres Ruckeln uns beide umwirft. Ich spüre dieses seltsame Gefühl im Bauch, als ob man im Fahrstuhl nach oben fährt. Durch den Druck, der auf meinem ganzen Körper lastet, kann ich mich nicht bewegen. Mein Bruder tätschelt beruhigend meinen Arm.

„Ich habe dir doch gesagt, es fliegt."

Nach langer Zeit kann ich aufstehen und sehe aus einem kleinen Bullauge. Wir fliegen im Weltall. Vor mir sehe ich die Erde. Die Kontinente, wie ich sie kenne, sind nicht mehr da. Nur noch kleine grüne Flecken erinnern an sie. Fast alles ist blau. Mir steigen Tränen in die Augen. Wie wunderschön unser Planet doch aussieht! Mein Bruder hat Recht, die Menschen zerstörten ihren eigenen Planeten. Mir wird klar, alle haben nur an sich selbst gedacht. Ich fühle mich wie in Trance, kann nicht glauben, was mir hier gerade passiert. Eben noch war ich ein erfolgreicher Unternehmer, ich habe mir so viel erarbeitet. Und jetzt? Jetzt habe ich gar nichts mehr. Alles Geld, das ich verdient habe, was nützt es mir nun? Jetzt merke ich, dass ich viel zu sehr nach Erfolg und Geld gestrebt habe. Alles, was mir bleibt, sind jetzt die „Spinnereien" meines Bruders. Ich wende mich an ihn: „Und wie soll es nun weitergehen?"

„Mach dir keine Sorgen, ich habe alles unter Kontrolle. Wir fliegen solange um die Erde, bis das Wasser wieder weg ist. Keine Angst, ich habe genügend Vorräte und Sauerstoff für uns beide an Bord. Wenn alles trocken ist, werden wir landen. Gemeinsam schaffen wir eine neue Welt mit neuem Leben. Die Erde wird ein besserer Ort sein."

Still zieht das Raumschiff seine Bahnen um den blauen Planeten, während die letzten grünen Flecken verschwinden. **«**

Steckbrief
LEONIE PNISCHAK

»Puppenfluch«

Altersempfehlung ab 12 Jahren

PUPPENFLUCH

Sie stand inmitten eines Waldes. Die Bäume waren kahl und dünn, doch sie wuchsen so eng und in so hoher Anzahl, dass es wirkte, als kämen sie näher. Es war bereits Nacht, sodass sie kaum die Äste, die sich ihr ständig in den Weg zu legen schienen, zu sehen vermochte. Ihre eigenen hastigen, verzweifelt voranschreitenden Schritte, klangen wie ein fremdes Geräusch und sie blieb beständig stehen, in der Angst vor dem Unbekannten.

Alles, woran sie sich erinnern konnte, war der Zirkus. Bunt und laut hatte er sie in seinen Bann gezogen und sie war nach jeder Vorstellung sitzen geblieben, als warte sie auf eine Zugabe. Schließlich hatte sie vollkommen allein im Zelt gesessen und wie ihr Blick so umherstreifte, erfasste er eine Vitrine in der hintersten Ecke der Manege. Sie war ihr vorher nie aufgefallen, doch jetzt wurde ihr ihre volle Aufmerksamkeit zuteil. Sich nach allen Seiten umsehend, war sie über die Bänke geklettert und hatte sich zu dem Glaskasten hinbegeben. Durch die Scheibe hatte ihr aus glasigen Augen eine Puppe entgegengestarrt. Sie trug ein blaues Rüschenkleid, dessen Ärmel bauschig und mit weißen Punkten die Oberarme bedeckten. Ihre Wangen waren mit einem übertriebenen Rot hervorgehoben worden, das auf der weißen Porzellanhaut besser hätte verblendet werden müssen, sodass es jetzt lediglich wie zwei rote Kreise aussah. Ihr Gesicht machte einen vereisten Eindruck und die Augen waren rund, blau und regungslos, wie die vergrößerten Exemplare einer Toten. Der spitze Erdbeermund war zu einem listigen Lächeln verzogen, das man schon fast hätte diabolisch nennen können, während die Haare in verfilzt, fransigen Locken zu beiden Seiten ihrer Schulter herabhingen.

Etwas an ihr bewirkte, dass das Mädchen wie hypnotisiert vor der Vitrine stehen blieb. Erst als sie von draußen jemanden herannahen hörte, hatte sie endlich den Blick abgewandt und war nach Hause gegangen.

Von dem Tag an konnte jeder, der sie einst gekannt hatte, die Veränderungen bemerken, die sie erfuhr. Gleichgültigkeit hatte sich in ihr ausgebreitet und selbst früher geliebte Dinge hatten für sie keinen besonderen Wert mehr. Ohne einen klaren Gedanken fassen zu können, hatte sie alle Prioritäten fallen gelassen und sich aller persönlicher Interessen freigesprochen. Nicht nur, dass sie nur noch vor sich hinvegetierte; auch ihr Äußeres machte ihren Angehörigen Sorgen. Ihre Haut war niemals wirklich rein gewesen, auch wenn sie immer versucht hatte, dieses Makel mit Make-Up und Waschgel in den Griff zu bekommen, doch nun begann ihr Gesicht plötzlich merkwürdig wächsern und porzellanartig zu werden.

Eines Tages war sie mit glasklaren, blauen Augen aufgewacht, mit denen sie kaum noch blinzelte. Starr und desinteressiert schaute sie damit die Menschen an und von Zeit zu Zeit huschte ein Lächeln über ihr stählernes Gesicht, das diesem aber keinesfalls Wärme hinzuzufügen vermochte. Stattdessen wirkte es falsch und angsteinflößend. Ihre Haare begannen sich widerspenstig zu locken und keine Bürste besaß noch die Kraft, sich ihren Weg durch das Gewirr zu bahnen. So hatte sie immer mehr die Züge der Puppe angenommen, die sie damals direkt am folgenden Tag hatte besuchen wollen.

Doch als sie am Zirkusplatz angekommen war, hatte sie feststellen müssen, dass dort kein einziges Zelt mehr stand. Sie hatte einen vorbeilaufenden Mann gefragt, wo der Zirkus geblieben sei und er hatte geantwortet, das letzte Spektakel habe dieser Platz vor mehreren Jahrzehnten erlebt. Ungläubig hatte sie ihm gedankt und war verwirrt zurückgeblieben. Seitdem hatte sie kaum nochmal geredet. In stillschweigender Anbetung der Puppe, die sie nur einmal je gesehen hatte, lebte sie nur noch für sich allein.

Und jetzt war sie hier im Wald. Sie wusste nicht, was in der Zeit kurz davor passiert war und weshalb sie sich dort befand, doch sie war sich derer sicher, dass etwas Schreckliches stattgefunden hatte, dass ihr die Rückkehr zu ihrem alten Leben für immer verschließen würde. In der Ferne hörte sie die Geräusche von Tieren, aber auch etwas anderes: Sirenen. Aus einem plötzlichen Instinkt heraus, begann sie zu rennen. Immer wieder geriet sie durch größere Äste ins Stolpern, doch sie verlor nie die Balance.

Auf einmal aber versperrte ihr etwas Größeres den Weg, was sie zu spät realisierte. Lautstark stürzte sie ins Geäst. Benommen blieb sie einen Augenblick liegen, bis sie etwas Weiches an ihrem Bein bemerkte, an dem sie zuvor hängen geblieben war. Als sie darauf zukrabbelte und näher herankam, konnte sie die Umrisse eines Menschen erkennen. Sie war über eine Leiche gestolpert. Panisch vergewisserte sie sich, indem sie sich ihre Hände zunutze machte, die danach blutige Spuren aufwiesen.

Im ersten Moment überfiel sie Angst, doch wie aus heiterem Himmel wandelte sich diese in eine tiefenentspannte Ruhe, die sie schon in den vorigen Wochen immer wieder verspürt hatte. Langsam und bedacht rappelte sie sich auf. Beim Sturz hatte sie sich das Schienbein angeschlagen, doch sie blendete den Schmerz aus und folgte den runtergetrampelten Pfaden des Waldes weiter. Sie lief jetzt nicht mehr, sondern ging mechanisch und kontrolliert. Ihre Gedanken schweiften wieder ab und befanden sich von da an nicht mehr im Jenseits.

Schließlich gelangte sie an eine Landstraße. Im hellen Lichtkegel der Straßenlampen guckte sie an sich herunter. Sie trug keine Jeans mehr, sondern ein blaues Rüschenkleid. An der Stelle, an der sie sich das Bein aufgeschlagen hatte, klaffte ein schwarzes Loch, wie wenn man eine Porzellanpuppe fallen gelassen hatte. **«**

Steckbrief
SVEA MARIT HUTZEL

»Picknick mit Erle«
Altersempfehlung ab 12 Jahren

Wohnhaft in Deutschland/Baden-Württemberg

Alter beim Schreiben des Textes 12 Jahre

Geburtsjahr 2003

Klassenstufe 7

Hobbys Turnen, Geige spielen, Leichtathletik, schreiben

Berufswunsch Autorin

Wie es zu diesem Text kam Eine Hausaufgabe:
"Eine Parodie einer bekannten Ballade"

Der Sommer war da, es war auch schon warm,
da klemmte sich der Vater nen Korb untern Arm
und sagte zu seinem Sohn, mit einem strahlenden Lachen:
„Komm Sohn, wir wollen ein Picknick heut machen."
Der Sohn freute sich, er kam auch schon bald.
Und kaum waren sie auf ihrer Lichtung im Wald,
da sah der Sohn was, das ihn sehr interessierte:
eine Erle, die er fest anvisierte.
Total begeistert kletterte er hinauf,
und setzte ihr eine Krone aus Blättern auf.
„Mein Vater, mein Vater, siehst Du denn nicht,
der Erlkönig zeigt sein grünes Gesicht!"
Doch als der Sohn so auf dem Baume saß
Und hinunterschaute, da wurde er blass.

Es war ganz schön hoch, das ließ sich nicht verneinen
und plötzlich fing der Sohn an, dramatisch zu weinen:
„Mein Vater, mein Vater so hilf mir doch bloß!
Ich bin so klein und die Erle so groß!"
„Mein Sohn, bleib ruhig, Du steckst nicht in der Klemme,
Sonst muss ich Dich fragen: MANN ODER MEMME???????"
„Ist ja gut, ist ja gut, ich springe ja schon!"
„Wenn's schiefgeht, bin ich ja auch da, mein Sohn."
„Mein Vater, mein Vater jetzt ängstigt es mich!"
„Mein Sohn, merkst du nicht, was für ein Weichei Du bist?"
Der Junge sprang durch dürre Blätter hinunter.
Und siehe da, er war putzmunter.
„Na siehst du mein Sohn, das war doch gar nicht so schlimm."
„Siehst Vater du nicht, wie traumatisiert ich jetzt bin?"

Dieses Erlebnis diente als Inspiration
für eine Ballade über Vater und Sohn.
Die wurde tatsächlich „Der Erlkönig" genannt
und der Sohn als Johann W. von Goethe bekannt. ««

183

Steckbrief
MIA JÄGER

»1938«

Altersempfehlung ab 14 Jahren

Wohnhaft in Deutschland/Niedersachsen

Alter beim Schreiben des Textes 15 Jahre

Geburtsjahr 2000

Klassenstufe 10

Berufswunsch Autorin

Wie es zu diesem Text kam Das Thema "Nationalsozialismus" kam im Unterricht dran.

Ein letztes Winken. Ein Lächeln. Hoffnungsvoll. Traurig. Verletzt. Der Zug fährt aus dem Bahnhof. Verlässt Deutschland. Eine Mutter, mit der Hoffnung, auf ein neues Leben für ihr Kind. Ein Kind, mit hundert anderen Kindern. Verängstigt. Getrennt von ihren Eltern. Der einzige Ausweg.
    Winter 1938. Ein Jahr, bevor der Krieg beginnt. Das Kind gerettet, die Mutter nicht. Keinen von beiden ist klar, das ist noch längst nicht das Ende. Sie wissen nicht, es gibt kein Wiedersehen. Das Kind voll Angst, die Mutter voller Hoffnung. Hoffnung darauf, ihr Kind wieder in die Arme zu schließen. Hoffnung, die sie am Leben hält.
    Eines Tages. Das glückliche Ende. Doch, die Mutter ist in Deutschland. Und das Kind ist in einem Zug. Auf dem Weg in ein fremdes Land. Niemand, den es kennt. Ohne die Sprache zu beherrschen. Keine Familie, die bereit ist, es aufzunehmen. Das Flüchtlingsheim völlig überfüllt. Jeden Sonntag kommen Familien. Suchen sich ein Kind aus. Jünger. Niedlicher. Das Kind ist zu

alt. Allein. Weit weg von zu Hause. Jeden Sonntag hofft es. Hofft, eine Chance zu bekommen. Jeden Sonntag. Kurz bevor der Krieg beginnt, hat es Glück.

Eine Familie. Es fühlt sich fremd. Doch es hat nun eine Familie. Es lernt Englisch. Der Krieg beginnt. Es hat nun Adam. Deutschland und die Sowjetunion nehmen Polen ein. Es bringt ein gutes Zeugnis mit nach Hause. Deutschland besetzt immer mehr Länder. Es fährt mit der Familie in den Urlaub. Deutschland bombardiert Großbritannien. Es gibt jetzt einen Schutzbunker direkt neben dem Haus. Großbritannien bombardiert Deutschland. Jede Nacht kriechen sie in den Schutzbunker. Großbritannien bleibt standhaft. Immer mehr Juden verschwinden. Der Briefkontakt zu der Mutter bricht ab. Die Deutschen überfallen die Sowjetunion. Das Kind wird aufs Land evakuiert. Die Sowjetunion bildet eine Allianz mit Frankreich, Amerika und Großbritannien.

Nur Adam bleibt. Deutschland verliert. Es kehrt zurück zu der Pflegefamilie. Immer mehr Konzentrationslager werden befreit.

Hoffnung. 8. Mai 1945. Der Krieg offiziell beendet. Hitler tot. Die Nachricht. Die Mutter tot. Verzweiflung. Nie wieder wird es die Mutter in die Arme schließen.

Der Krieg vorbei. Der Schmerz nicht. Das Leiden nicht. Ein Verlust. Niemand kann ihn wiedergutmachen. Wird nie vergehen. Sie haben die Mutter genommen. Den Glauben an eine gute Welt. Wofür? **«**

187

Steckbrief
MIRIAM HORSCH

»Flucht«

Altersempfehlung
ab 12 Jahren

Miriam Horsch

Wohnhaft in Deutschland/Hamburg

Alter beim Schreiben des Textes 12 Jahre

Geburtsjahr 2001

Klassenstufe 8

Hobbys Geige spielen, Zirkus, lesen, schreiben, Sprachen

Flucht | טיסה

Ein großer, weißer Dampfer fuhr die Elbe hinunter, er hatte blumengeschmückte Balkone, ein großes Oberdeck und ein sich stetig drehendes Wasserrad, welches ihn voranschob. Mirjam versuchte, nicht auf die Hakenkreuzfahne zu achten, welche am Mast hing, sich nur auf das stille Treiben des Wassers zu konzentrieren, aber sie erinnerte sie unaufhörlich daran, was sie war. Unerwünscht, eine Jüdin. Eigentlich durfte sie gar nicht hier sein, aber es war ihr letzter Abend und sie wollte unbedingt noch einmal das Geräusch der Wellen hören, wenn sie gegen die steile Mauer bei Övelgönne schwappten, das Tuten der Schiffe, die scherzenden Matrosen. Wie lange war sie nicht mehr hier gewesen, eine Ewigkeit.

Seit Sophie und Daniel nicht mehr da waren, fühlte sie sich noch einsamer. Auf die Straße ging sie kaum noch, die meiste Zeit verbrachte sie versteckt hinter hebräischer Grammatik und versuchte, sich immer noch einzubilden, dass sie irgendwann aus diesem Land, das sich so verändert hatte, entkommen würde. Manchmal fühlte sie sich wie eine Gefangene, die auf ihre Hinrichtung wartete, nur dass sie doch überhaupt nichts verbrochen hatte. Amerika war schon lange keine Möglichkeit mehr, denn nun hatten es die Nazis offenbar darauf abgesehen, den noch in Deutschland verbliebenen Juden die Ausreise fast unmöglich zu machen und nach Amerika gingen längst keine Schiffe mehr. Sie wusste noch, wie sie 1938 an den Landungsbrücken stand und auf Wiedersehen sagte zu Daniel, Reinhard und Sophie. Sie waren jetzt sicher in Amerika. Da dachte sie noch, auch sie würde 1940 in Amerika sein, aber nun hatte sich die Lage noch mehr verschlechtert. Die Situation der Juden in Deutschland wurde schlimmer und kaum ein Land nahm noch deutsche Juden auf. Doch ihr Vater hatte es trotzdem noch geschafft, eine Ausreisemöglichkeit aufzutun.

Morgen würde sie schon in Amsterdam sein, im Vondelpark spazieren gehen, für sie war doch alles gut. Sebastian hatte eine Möglichkeit gefunden, nach Holland zu emigrieren. Ein alter Freund aus Aachen würde sie über die Grenze schmuggeln. Natürlich war das gefährlich, aber war es gefährlicher, als hierzubleiben? Ganz sicher nicht. Sebastian und Mirjam würden kein Gepäck mitnehmen können und Mirjams Herz raste jetzt schon bei dem Gedanken an Grenzkontrollen, die sie an die Deutschen übergaben, aber immerhin würde sie hier rauskommen. Trotzdem war ihr nicht froh zumute, sie würde das alles hier vermissen, aber vor allem würde sie Armin vermissen. Sie hatten sich seit der Progromnacht nicht mehr getroffen, weil das zu gefährlich war, aber Armin hatte ihr regelmäßig Nachrichten außen unter ihrem Fensterbrett versteckt. Es hatte eine Weile gedauert, bis sie sie entdeckt hatte, aber seitdem schrieben sie so oft es ging über diesen Weg miteinander und Armin schaffte es, trotz seiner katastrophalen Rechtschreibung, wunderbare Liebesbriefe zu schreiben, welche Mirjam, nachdem sie sie gelesen hatte, allerdings sofort verbrennen musste. Zur Sicherheit benutzten sie auch nicht ihre echten Namen, sondern Jesse und Owens, wie der amerikanische Sportler von Olympia. Mirjam hatte es nicht übers Herz gebracht, ihm von ihrer bevorstehenden Flucht zu erzählen. Sie würde ihm einen Abschiedsbrief hinterlassen, damit er nicht dachte, sie wäre im KZ.

Mirjam und Sebastian mussten aus Sicherheitsgründen um Mitternacht das Haus verlassen und den Spätzug um 00.43 Uhr nach Aachen besteigen.

Sie liefen von ihrer 1 ½ Zimmerwohnung in der Harkortstraße durch den Lessingtunnel zum Spritzenplatz am jüdischen Friedhof, der von zahlreichen Demolierungen nicht mehr wirklich wie ein Friedhof aussah, bis zum Altonaer Bahnhof. Schnell rissen sie sich die gelben Sterne, welche sie als Juden kennzeichneten, von ihren Mänteln und bestiegen den Zug. Die Tochter von Anton, dem Freund aus Aachen, hatte die falschen Pässe vor ein paar Tagen auf der Durchreise nach Kiel vorbeigebracht, aber trotzdem stieg in Mirjam ein Gefühl der Angst auf, als sie sich in einem Abteil neben eine schlafende, dicke Frau und einen Soldaten, der wohl auf Heimaturlaub war, setzte.

Zum Glück war die Fahrt nach Aachen ohne Probleme verlaufen und etwa sieben Stunden später saßen Mirjam und Sebastian wohlbehalten in Antons, aufgrund der Verdunkelungspflicht, verdunkelten Küche. Sie mussten sich beeilen, damit sie, bevor der Berufsverkehr losging, über der Grenze waren. Schon jetzt waren Leute auf den Straßen unterwegs. Männer mit der Uniform vom Reichsarbeitsdienst und Marktfrauen mit Körben voller Rüben oder Kartoffeln, etwas anderes gab es ja kaum noch zu kaufen. Anton, Sebastian und Mirjam duckten sich an Häuserwänden vorbei, bis sie endlich die Grenze sehen konnten. Bis hierhin hatte man die Behörden austricksen müssen, ein bisschen Einfluss haben, wie Anton sagte, aber jemanden über die Grenze zu schmuggeln, war etwas ganz anderes.

Sie kamen an einen schon fast stillgelegten Güterbahnhof. „Um 8.13 Uhr fährt der Zug Nr. 188 über die Grenze, ihr müsst euch unter den Kohlen verstecken, bevor ein Wachtmeister kommt. Schnell!", sagte Anton halblaut. Er half den beiden Flüchtigen in den großen Kohlewaggon und jetzt gab es kein Zurück mehr.

Das Ruckeln hatte aufgehört, schon seit einer Weile. Langsam versuchte Mirjam, sich zu bewegen. Ihre Knochen waren steif und ihr Rücken fühlte sich von der holprigen Fahrt an wie dreimal gebrochen. Trotzdem war sie erleichtert. Sie befand sich in den Niederlanden, sie war frei. Schnell half sie ihrem Vater aus dem Wagen und sie liefen zusammen in die Richtung, aus der die Westerkerk schellte und die Lichter von den Amsterdamer Grachtenvillen im Stadtteil Jordaan zu sehen waren. Sie hatten es geschafft. ««

Steckbrief
JOHANNA THEOBALD

»Menschenmassen«
Altersempfehlung
ab 12 Jahren

Wohnhaft in Deutschland/Rheinland-Pfalz

Alter beim Schreiben des Textes 16 Jahre

Geburtsjahr 1999

Klassenstufe 11

Hobbys Voltigieren, reiten, Klavier spielen

Berufswunsch Kinderärztin

Die Idee hinter diesem Text Die Schwierigkeit, in der heutigen Gesellschaft sich noch selbst treu zu bleiben.

menschen massen menschen massen menschenmassen menschen massen menschen massen menschen menschen massen massen

Wenn in der Masse von Menschen,
Menschen zu Masse werden,
Wenn Menschen Menschen verurteilen
Und die Masse die Menschen formt,
Wenn nicht der Mensch, sondern die Menschen zählen
Und kein Mensch dreht sich der Masse entgegen,
Wenn Menschen auf den Spuren von Mitmenschen gehen
Und auf die Meinung der Mitmenschen alles geben,
Dann ändert sich die Menschlichkeit.
Menschlichkeit meint dann Menschenmassen,
Doch Massen kann man nicht verlassen.
Machst du was du meinst, wird die Masse dich hassen,
Dann gibt es keine Menschlichkeit.
Wenn Menschenmassen
Menschen nicht ihr Leben leben lassen
Und jeder Mensch zur Masse wird,
Dann gibt es keine Menschen mehr.
Denn Menschen, die den Massen entfliehen
Sind irgendwie anders. **«**

Steckbrief
ROSALIE MARIA HARTMANN

»Njokis Abenteuer«

Altersempfehlung
ab 10 Jahren

Wohnhaft in Deutschland/Hessen

Alter beim Schreiben des Textes 12 Jahre

Klassenstufe 6

Hobbys Rope Skipping

Njokis Abenteuer

Es war furchtbar! Alles war furchtbar! Das ganze Dorf war sauer auf mich – und das ausgerechnet an dem Abend, an dem Maarifa, unsere Stammesälteste, eine Geschichte erzählen wollte! Ich musste wohl zu Hause bleiben.
„Tresor, komm jetzt, Maarifa will anfangen!"
Das war meine Mutter. Schuldbewusst und mit hängendem Kopf ging ich also doch in den Kreis zu den anderen. Alle schauten mich finster an. Nur Maarifa lachte, als sie mich sah. Endlich fing sie mit ihrer Erzählung an und die Leute schauten wieder auf sie.
„Ha, zum Leben gehören auch schlechte Erfahrungen. Sicher seid ihr wütend, dass Tresor das Fischernetz kaputt gemacht hat und unsere Fischer darum Morgen daheim bleiben müssen. Doch seid einmal ehrlich, ihr alle wisst, wie Tresor sich gerade fühlt! Noch vor ein paar Jahren wart ihr selbst in einer solchen Situation, aber solche Erfahrungen gehören nun einmal dazu. Zum Leben eines jeden Menschen. Drum bringt es nichts, lange um so etwas

herumzuschimpfen! Denn ob ihr´s glaubt oder nicht", erzählte sie mit ihrer heiseren, alten Stimme, „auch ich habe tausende Sachen angestellt, auf die so manch einer gar nicht käme! Maarifa, das bedeutet, weise geworden durch Erfahrung. An eine Sache erinnere ich mich noch ganz genau. Damals hieß ich noch Njoki (Joki ausgesprochen), ich war gerademal zehn Jahre alt und wohnte hier, in unserem Dorf. Zur Schule ging ich nicht. Nur ein paar Jungen aus unserem Dorf – unter anderem mein großer Bruder Tayo – gingen dorthin, da die Schulsachen für uns so teuer und der Weg so lang und gefährlich war. Tayo brachte mir und unserem kleinen Bruder Pakka dann immer ein paar Dinge aus dem Unterricht bei.

Nun gut. Ich lag in der heißen afrikanischen Nachmittagssonne am Ufer des Kongos und überlegte, was ich tun konnte. Immer, wenn mein kleiner Bruder Pakka und ich uns vor der Hausarbeit drücken wollten (und mit Hausarbeit meine ich nicht lesen oder rechnen, sondern Sachen wie Wäsche waschen und kochen), versteckten wir uns dort. Wenn ihr vom Dorf aus guckt, seht ihr noch den alten, großen Felsen. Dort hinten lag unser Versteck.

Nun, wo waren wir gerade? ... Ach ja, genau! Irgendwann kam Pakka von hinten über den Felsen geklettert und verkündete: „Die Fischer sollen heute Abend losfahren, die Kanus liegen schon bereit!"

„Ah, toll", murmelte ich uninteressiert. „Für dich mag es vielleicht langweilig sein, aber ich werde einmal der beste Fischer auf der ganzen Welt sein! Zu doof nur, dass ich noch nicht üben darf!", meinte er.

„Du willst doch nicht ... das ist viel zu gefährlich!!!", stotterte ich.

„Och bitte, Njoki! Wenn wir uns für ein paar Minuten mal eines der Boote ausleihen, wird es schon niemandem auffallen. Außerdem fährt doch jeder Fischer ein erstes Mal zum Fischen und von denen sind doch wirklich immer alle zurückgekommen! Und bei dieser glühendheißen Sonne ist das Wasser doch eine schöne Erfrischung, oder?", bettelte der Kleine.

Schließlich sagte ich: „Also schön. Aber nur kurz!" Wir rannten über den glitschigen Uferboden zu den Booten. Angekommen, schoben wir mit aller Kraft ein Kanu ins Wasser. Pakka kletterte hinterher und hielt es fest. Ich ging noch einmal zurück, um zwei Paddel zu holen. Auf einmal rutschte ich aus, schaffte es gerade noch, zwei Paddel am Stiel mitzuziehen und rutschte über den nassen Schlamm ins kühle Wasser. Als ich wieder auftauchte und kräftig husten musste, merkte ich, dass mein Bruder mich auslachte. „Ha, ha, sehr witzig!", sagte ich spöttisch und stieg ins Boot. Das glatte Holz lag den ganzen Tag in der Sonne und war deshalb sehr warm. Nun stieg Pakka auch ein und wir fuhren los.

Die Sonne glitzerte auf der Wasseroberfläche, die grünen Wälder huschten an uns vorbei und überall war Leben zu erkennen, zu hören und zu fühlen. Ein warmer Wind zog an uns vorbei und wir sahen sogar ein paar Fische. Es war wunderschön, doch nach einer Weile schmerzten meine Hände vom rauen Holz der Ruder. Es wurde ziemlich anstrengend, also beschlossen wir, eine kurze Pause einzulegen und uns von der Strömung treiben zu lassen. So wurden aus ein paar Minuten ruckzuck ein paar Stunden. Schließlich zogen Wolken auf und es fing an zu nieseln. Es war ein warmer Sommerregen, dennoch beschlossen wir, umzudrehen, aber diesen Teil des „kurzen Ausflugs" hatten wir nicht bedacht. Wir mussten mit aller Kraft gegen die Strömung ankämpfen.

„Natürlich kommen auch die Anfänger-Fischer immer zurück nach Hause, aber dann sind sie auch schon älter als wir jetzt", dachte ich. „Außerdem sind sie dann mit der Gruppe zusammen!" Nun fing es auch noch an zu stürmen! Die Wolken wurden immer dichter und dunkler. Einige Male wurden Pakka und ich von dem Wind meterweit zurückgeworfen. Schon bald gab es ein heftiges Unwetter. Bäume drohten umzustürzen, der Sturm wurde immer heftiger und ich konnte kaum noch etwas sehen. Plötzlich drehte der Wind das Kanu, wir fuhren jetzt geradewegs in die falsche Richtung! Auf einmal schlug ein Blitz ein und wie aus dem nichts erschien ein Felsen genau vor unserer Nase! Die Zeit schien für einen Moment stillzustehen. Mit letzter Kraft schaffte ich es, mich von dem alten Kanu abzustoßen und sah gerade noch, wie das Boot am Felsen zerschlug. Mit einem lauten „Platsch!!!" landete ich im Wasser.

„Pakka! Pakkaaa!", rief ich aus vollem Hals nach meinem Bruder, dann wurde mir schwarz vor Augen.

Als ich wieder aufwachte, war ich zwar noch immer im Wasser, doch hatte ich mich in einem Gestrüpp vom Uferrand verfangen, so konnte ich nicht untergehen. Ich hangelte mich an den Ästen entlang und schaffte mich an Land. Ich war völlig durchnässt und fror. Das Unwetter hatte nachgelassen, doch inzwischen war es dunkel geworden. Am liebsten hätte ich jetzt in meinem Bett gelegen, und ich machte mir tierische Sorgen um Pakka, doch ich musste mich vor wilden Tieren in Acht nehmen.

Müde streifte ich umher und suchte nach einer Art Unterschlupf. Endlich entdeckte ich eine Nische, wie eine Schlucht in einer Felswand. Ich ging hinein, lief bis zum Ende, legte mich hin und schlief ein. Am nächsten Morgen wurde ich von den ersten warmen Sonnenstrahlen geweckt, die von oben auf mich herabschienen. Ich setzte mich auf und rieb mir die Augen. Sobald diese sich jedoch an das Licht gewöhnt hatten, erschrak ich. Ein paar Meter vor mir lag auf jedem Quadratmeter mindestens ein Krokodil.

„Bleib ganz ruhig, Njoki", sprach ich mir selbst zu, „mach´ sie bloß nicht auf dich aufmerksam!" Da die Schlucht am anderen Ende zusammenlief, gab es nur zwei Ausgänge: geradeaus und nach oben. Da vor mir die Krokodile lagen, versuchte ich es nach oben. Es war sehr steil. Als ich zwei Meter weit gekommen war, rutschte ein Stein unter meinem Fuß weg und ich schlitterte zurück zum Anfang. Die Krokodile rührten sich nicht. Was sollte ich nur tun? Ich setzte mich hin, um abzuwarten, ob sich die spitzzähnigen Monster verziehen wollten. Mehrere Stunden wartete ich schon und bekam langsam Hunger. Auf einem kleinen Vorsprung hatte ich einen Beerenstrauch entdeckt, also beschloss ich, zu versuchen, dorthin zu kommen. Anschließend kletterte ich wieder hinunter.

Es vergingen Stunden um Stunden. Zwischendurch schlief ich hin und wieder ein, doch als der Abed dämmerte und sich zwischen den Reptilien etwas regte, bekam ich es ernsthaft mit der Angst zu tun. Schnell stieg ich wieder den Hang hinauf und versteckte mich hinter dem Busch. Plötzlich hörte ich ein Seufzen. Es kam von hinten. So leise wie ich es nur schafften konnte, drehte ich mich um. Vor mir war eine Mulde und als ich genauer hineinschaute, erkannte ich ein kleines Mädchen.

„Weeher bi-bist du?", brachte es schluchzend heraus. Sie sprach unsere Sprache.

„Ähm, ich, äh...", stammelte ich, „ich bin Njoki. Aber wer bist du und wie kommst du hierher?"

„Ich bin Malaika. Ich habe irgendwie gedacht, ich hätte die Jäger von unserem Dorf zurückkommen sehen. Ich bin auf sie zugerannt und dann bin ich in diese Schlucht gefallen", antwortete sie.

Ich fragte: „Tut dir etwas weh? Wie lange bist du schon hier?"

Sie zuckte mit den Schultern und sah zu ihren Füßen hinab. Schließlich half ich ihr aus der Grube und wir setzten uns nebeneinander auf den Vorsprung. Die Krokodile wurden langsam aktiv. In dem Moment, in dem Malaika sich setzte, kam ganz langsam aber sicher eines der Tiere auf uns zu.

„Krokodile können nicht klettern! Krokodile können nicht klettern! Krokodile können nicht klettern!!!", rief ich mir in Gedanken zu, doch es half nichts. Eine gute Stunde saßen wir in Schockstarre da. Alles um mich rum verschwand. Mein Herz raste. Ich starrte das Krokodil an, und das Krokodil starrte mich an. Plötzlich sprang es mit einem Satz auf uns zu! Wir rannten so schnell wir konnten bergauf. Malaika war schneller als ich, doch sie schaffte es nicht ganz hoch. Während dem Laufen drückte ich sie hoch – GESCHAFFT!!! Sie drehte sich um und versuchte, mich beizuziehen. Ein Stück weit schaffte sie es, doch es gelang ihr nicht bis ganz oben. Ich wusste nicht, was geschah, nur, dass ich im nächsten Moment auf der Wiese oberhalb der Schlucht saß. Völlig außer Atem drehte ich mich um und erkannte einen Mann neben Malaika stehen.

„Malaika! Wo warst du? Geht es dir gut? Wer ist diese Fremde?", fragte der Mann.

„Papa! Ich bin dort reingefallen und sie hat mir das Leben gerettet!", meinte das Mädchen.

„Wer bist du? Wo sind deine Eltern?", fragte er diesmal mich.

„Ich bin Njoki", erklärte ich, „und, wo meine Eltern sind ... tja, das wüsste ich auch gerne!"

Daraufhin erwiderte Malaikas Vater: „Njoki! Danke, dass du meine Tochter gerettet hast! Ich bin Amaniel. Wir stehen in deiner Schuld. Njoki, du bist jeder Zeit bei uns willkommen."

„Danke, aber ich mache mich lieber auf die Suche nach meinem eigenen Dorf." Das sagte ich jedoch ohne jeglichen Glauben, meine Familie jemals wiederzusehen. Ich hatte mich schon umgedreht, da rief Malaika noch: „Halt! Ich werde dir bei der Suche helfen, bis du dein Dorf gefunden hast"

„Nein, Malaika! Am Ende findest du selbst nicht mehr nach Hause."

„Viel Glück, Njoki. Ich hoffe, du findest, was du suchst!", sprach Amaniel.

„Viel Glüüüühüück!", schrie Malaika.

„Danke. Auf Wiedersehen!", meinte ich. Also gut, jetzt war es an der Zeit, sich auf den Weg zu machen. Ich atmete tief durch und drehte mich dann ganz langsam um. Noch nicht ganz überzeugt von dem, was ich tat, tat ich den ersten Schritt und blieb wieder stehen. Noch war ich nicht ganz davon überzeugt, zu gehen.

„Entweder ich gehe. Mit dem Risiko, ich finde mein Dorf nie wieder und bleibe für den Rest meines Lebens allein oder ich bleibe. Dann wäre ich sicher und wieder in einem Dorf, aber genauso, wie ich dann sicher vor wilden Tieren wäre, wäre ich auch sicher vor der Chance, in mein eigenes Dorf zurückzukehren", dachte ich.

Die Augen fest zusammengepresst, fing ich an zu überlegen. Schließlich ging ich doch. Um alles in der Welt wollte ich zurück in mein Dorf! Ich vermisste sie alle. Von meinen Eltern über meine Freunde. Ja, sogar bis hin zum großen Shujaa, der immer so gemein zu uns Kindern war.

Eine ganze Weile lief ich stromaufwärts den großen Fluss entlang. Inzwischen war es stockdunkel geworden. Als ich irgendwann Lichter sah, wusste ich nicht recht, ob ich Angst haben oder mich freuen sollte. Es waren Leute. Sie hatten Fackeln und fuhren mit Kanus auf dem Kongo. Als sie näherkamen glaubte ich, ihre Stimmen zu hören. Sie riefen meinen Namen! Sie riefen nach mir, Njoki! Ich konnte es immer noch nicht fassen, da war ich schon auf sie zugerannt. Tatsächlich, es waren Leute von meinem Dorf! Es waren drei Boote, im ersten saßen bloß Shujaa und mein Vater. Als mein Vater mich sah, stieg er sofort aus dem Kanu aus und nahm mich in den Arm.

„Njoki! Geht es dir gut? Wo warst du? Geht es dir gut?", fragte er.

„Es geht mir gut, Papa! Alles andere erzähl´ ich zu Haus´", erwiderte ich.

„Wir haben sie gefunden!!!", rief er den anderen zu und hing mir eine Decke um. Ich lag hinten in dem Kanu mit meinem Vater und Shujaa und war überglücklich! Als wir zu Hause ankamen, stürmten die Männer aus den Booten und schrien los. Die Frauen und Kinder kamen aus den Holzhütten. Meine Mutter kam auf mich zugerannt und drückte mich an sich. Verlegen wischte ich mir eine Träne von der Wange. Aber das allerbeste war, als ich meinen Bruder Pakka am Eingang zu unserem Haus stehen sah.

Damals verstand ich nicht, warum niemand mit mir schimpfte, aber mit der Zeit habe ich es immer mehr verstanden. Und mit der Zeit wird es irgendwann jeder von euch verstehen. Maarifa, das bedeutet, weise geworden durch Erfahrung."

Die Alte senkte den Kopf und verließ den Kreis. Letzterer zerstreute sich. Meine Mutter lief mit mir zurück zu unserem Haus. Vor dem Eingang blieb sie stehen. Sie ging in die Hocke, um mit mir ungefähr auf Kopfhöhe zu sein und sprach: „Ich bin dir nicht böse, Tresor, aber du musst versprechen, dass du so etwas nie mehr wieder tust, ja?"

Ich musste schluchzen und nickte energisch. Und als ich im Bett war und kurz darauf eingeschlafen war, träumte ich die aufregendsten Träume von wilden Flüssen, Kanus, großen Schluchten und gefährlichen Krokodilen. 《

Katharina Hopp

Steckbrief
KATHARINA HOPP

»Staub der Zeit«

Altersempfehlung
ab 14 Jahren

Alter beim Schreiben des Textes
15 Jahre

Geburtsjahr
2001

Klassenstufe
9

STAUB DER ZEIT

Sie weiß nicht, wie lange es her ist. Sie hat nie die Tage gezählt. Oder die Wochen, oder die Monate, vielleicht auch die Jahre. Die hat sie nie gezählt. Aber was sie weiß ist, dass es immer noch wehtut. Sehr. Jeden Abend schaut sie sich das Foto an, sie und ihr Mann, ein glückliches Paar, sie lachten, sie saßen am Tisch, hoben ihre Weingläser und lachten. Laut. Jetzt sieht man das Foto nicht mehr, vor lauter Staub. Also ist doch viel Zeit vergangen. Jeden Tag ein bisschen mehr Staub auf ihrem Bild. Und doch, obwohl sie es nicht mehr sehen kann, das glückliche Pärchen, sie hat es in ihrer Erinnerung. Stechend scharf. Kann es sein, dass sie die Frau auf dem Bild ist? Sie schüttelt den Kopf. Zu viel Zeit vergangen, denkt sie. Vielleicht, überlegt sie, war sie mal die Frau. Jetzt nicht mehr.

Sie steht da, alt sieht sie aus, zu früh gealtert. Sie verharrt an der Stelle, wie jeden Abend, den Blick auf das verstaubte Bild. Sie würde es nicht wagen, den Staub zu entfernen. Er erzählt die Zeit. Die Zeit, die vergangen ist, seit ihr

Mann gestorben ist. Schließlich dreht sie sich um, macht das Licht aus, legt sich ins Bett, immer auf die rechte Hälfte.

Und am nächsten Abend, warum schon Abend ist, versteht sie nicht, aber es ist dunkel, stellt sie sich vor ihr Foto und starrt es an. All die Erinnerungen gehen ihr durch den Kopf, wieder und wieder. Das ist es, was ihr geblieben ist: Erinnerungen. Und wieder fragt sie sich, wie viel Zeit vergangen ist, denn sie rinnt ihr nur durch die Finger wie Sand, sie kann die Zeit nicht anhalten, nein, kann sie nicht. Nur der Staub ist da und sie. Und der Staub schaut sie an und sie sieht zurück. Ihr Blick ist so stumpf, dass sie zuerst gar nicht bemerkt, wie etwas durch den Staub wischt. Erst als sich ihre Augen endlich scharf stellen, beobachtet sie die Staubpartikel, die durch die Luft tanzen.

Dann fällt ihr Blick wieder auf das Bild. Ihr stockt der Atem. Wie lange hatte sie so etwas nicht mehr gefühlt? Angst? Sie gibt sich die Antwort selbst, wie immer, ist ja sonst niemand da: Sie hat nur Trauer gefühlt, da war kein Platz mehr für andere Dinge. Es werden Buchstaben in die Staubschicht geschrieben, von Geisterhand, sie reihen sich aneinander, bilden ein Wort, formen einen Satz:

„Lebe!", liest sie. Das ist alles.

Und sie nickt, denn sie weiß jetzt, dass genug Zeit vergangen ist und dass es ihr egal ist, wie viele Tage, Monate und Jahre vorbei sind. Sie ballt ihre mit Altersflecken übersäte Hand, entspannt sie wieder, dann wischt sie mit einer schnellen Handbewegung all den Staub fort. Das Bild darunter ist noch genauso wie früher. Sie nimmt es in die Hand und blickt in die Gesichter. Sie lächelt. Ein bisschen so, wie auf dem Foto, findet sie.

Es tut weh. Die Muskeln haben so lange nicht gearbeitet, aber der Schmerz weckt sie auf. Und dann geht sie in die frische Abendluft hinaus, raus aus ihrem Haus. Sie fühlt sich endlich wieder frei. Auf ihren Lippen trägt sie ihr Lächeln, damit jeder es sehen kann. ((

205

Steckbrief
MIRIAM PAMPEL

»In einer anderen Welt«

Altersempfehlung ab 10 Jahren

Alter beim Schreiben des Textes
15 Jahre

Geburtsjahr 2000

Klassenstufe 9

Hobbys Singen, Geige spielen, Ballett, lesen und zeichnen

In einer  anderen Welt

© Miriam Pampel

Ich schaute mir die Bilder an, eines nach dem anderen. Heute Morgen hatten sie ganz unschuldig in einem Umschlag vor meiner Zimmertür gelegen. Wie jeden Morgen hob ich die Post von der Fußmatte auf. Die Aufschrift des Umschlags lautete "Willkommen bei den Hottentotten" und wurde von bunten Aufdrucken kreuz und quer verteilter Haushaltsgegenstände geschmückt. Wie passend. Bei mir kreisten im Moment alle Gedanken wie in einer Achterbahn. Ich besah mir die Rückseite des ersten Fotos und entdeckte einen seltsamen Text in geschwungenen Lettern:

Das Land ist dir so nah und doch so fern.
Es liegt hoch, aber auch tief. (Wasser)
Der Ort ist bei vielen bekannt und doch kennen ihn nur wenige.
Du musst durch ein Tor gehen, das immer geschlossen ist.
Du wirst allein sein, aber viele begleiten dich.
Auf dem Weg in deine Welt.

Was für ein Schwachsinns-Text! Ich konzentrierte mich wieder auf die Vorderseite. Wieso erkannte ich diese Frau nicht, obwohl sie mir so bekannt vorkam? Alle anderen Menschen der ganzen Welt hatte ich mir genauestens eingeprägt. Wenn ich auf ein beliebiges Foto sah, erkannte ich auf den ersten Blick die dortige Person und konnte sie zuordnen. Schließlich hatte ich ein ganzes Jahr Zeit gehabt, die Menschheit eingehend zu betrachten. Am 1. Januar 2016, um 0:01 Uhr, war die Zeit stehengeblieben, und jedes Wesen der Erde war in seiner Bewegung erstarrt, jedes, wirklich jedes. Nur ich nicht. Ein Jahr lang war ich durch die Straßen und Länder gestreift, ohne jegliches Geräusch zu hören oder auch nur eine Bewegung zu sehen. Dabei stellte ich durch Ortsschilder fest, dass sich mein Heim in Köln befand. All die Zeit hatte ich keinerlei Hunger, Durst, Müdigkeit oder andere Bedürfnisse verspürt. Ich lief einfach und prägte mir alles ein wie eine Maschine. Anfangs schlief ich noch aus reiner Gewohnheit, doch das gab ich bald auf, da mich die Träume zu stark verwirrten.

Mein erster Traum zeigte einen Saal, indem anscheinend gerade eine Besprechung im Gange war. Auf einem Podium stand ein kleiner, alter Mann mit weißem Bart und trübe vor sich hin blickenden Augen. Da er eine reich verzierte Krone mit Diamanten und anderen Kostbarkeiten trug, konnte ich davon ausgehen, dass dies ein König war. Ihm gegenüber, und somit mir den Rücken zukehrend, saßen eine Frau und ein Mann. Neben dem König stand gerade eine junge Frau auf, nach deren Krone und Alter zu beurteilen, die Prinzessin. Die Anwesenden befanden sich mitten in einem Streit und beachteten mich nicht. Wahrscheinlich konnten sie mich überhaupt nicht sehen.

Die Prinzessin sprach mit scharfem, schrillem Tonfall: „Das ist Verrat! Du warst mir bestimmt, als mein zukünftiger Gemahl. Stattdessen gibst du dich mit dieser Hexe ab...?"

„Jetzt mach mal halblang", unterbrach der Mann sie. „Sie ist keine Hexe. Außerdem wurden wir nie gefragt, ob wir uns heiraten wollen, ich wurde niemals gefragt. Ich liebe dich nicht. Langsam solltest du verstehen, dass ich nicht dir, sondern einer anderen bestimmt bin, Prinzessin Florianne."

Prinzessin Florianne machte einen Schmollmund und schaute ihren Vater flehend an. „Papa, du gibst mir doch Recht, oder? Sag ihnen endlich, dass er mein Gatte ist. Verbanne die Verräterin. Ja, Papa? Jetzt sag doch mal was!"

Der König starrte ins Leere und schien zu überlegen. Die Anwesenden warteten gespannt auf sein Urteil.

„Ich kann nicht alles wieder in die normale Ordnung bringen. Ein Kind ist im Anmarsch und wird immer zeigen, dass die Regeln nicht eingehalten wurden. Ich will, dass meine Tochter glücklich ist ...", Prinzessin Florianne lächelte ihren Vater an und grinste hämisch in die Richtung des Paares, „... möchte allerdings trotzdem klug handeln und nicht selbstsüchtig. Deshalb kann ich niemanden dazu zwingen, meine geliebte Tochter zu heiraten ...", das Lächeln erlosch auf ihrem Gesicht, „... und bin zu dem Schluss gekommen, eine Aufgabe zu stellen. Sollte diese gelöst werden, so suche ich meiner Tochter einen anderen würdigen Ehemann. Sollte sie allerdings nicht gelöst werden, muss die alte Regelung wieder eintreten und meine Tochter wird Sie, mein Herr, heiraten. Da das größte Problem im Moment das nahende Baby ist, wird dieses das Land verlassen, in eine andere Welt geschickt, jahrelang von der Außenwelt getrennt. Ist es alt genug, um die Aufgabe zu lösen, hat es ein Jahr lang Zeit, seine Welt kennenzulernen. Seine Aufgabe wird es sein, zum Portal zu finden, das in unsere Welt führt und das Land zu betreten. Schafft es das nicht, so muss es dort bleiben und wird hier vergessen." Das Paar sah den König entsetzt an, welcher über seinen Vortrag sichtlich entzückt war und wollte widersprechen, doch der König beendete die Sitzung mit einem Handzeichen.

Nun wusste ich, wieso mir die Frau so bekannt vorkam. Sie entsprang dem Traum mit der Versammlung, aber das konnte doch nicht wahr sein. Es war schließlich nur ein Traum, oder?

Nun denn. Auf meiner Reise um die Welt stellte ich mir immer nur genau eine Frage, die ich auch heute noch nicht beantworten kann. Warum war ich nicht eingefroren wie alle anderen? Warum konnte ich mich bewegen? Es gab keine Antwort darauf. Am 1. Januar 2017, um 0:01 Uhr, lief die Zeit weiter. Bisher hatte ich noch niemandem von den seltsamen Ereignissen erzählt. Es würde mir sowieso niemand glauben. Was hatte man schon als 14-jähriges beziehungsweise 15-jähriges Mädchen ohne Eltern in einer Welt ohne Freunde zu sagen, wenn man nie das Heim verließ? Nie, außer 2015. Niemand hatte gemerkt, dass ein Jahr übersprungen worden war. Das einzige, was ihnen komisch vorkam, waren Bilder, die sie sahen, wenn sie die Bewegung erneut ausführten, bei denen sie durch die Zeitstille unterbrochen wurden. Sie sahen das Bild vor sich, das sie hätten sehen müssen, als die Zeit stillstand. Und nun tauchte dieses Foto mit einer mir unbekannten Frau auf, was völlig unmöglich war, denn mir war niemand unbekannt.

Ich musste ausbrechen, weg von dem Heim, das ich nie wirklich geliebt hatte. Raus, um nach dieser Unbekannten zu suchen. Schon lange wollte ich hier weg, doch ich hatte mich bisher noch nicht getraut, weil ich nicht wusste, wie es draußen war. Die Fenster des Heimes waren verrammelt und es war strengstens verboten, den Fuß vor die Tür zu setzen oder diese überhaupt zu öffnen. Nur ab und zu erhaschte man einen Blick auf die Umgebung, wenn jemand vom Personal durch die Haustür raus- oder reinging. Kurz gesagt, wir waren von der Außenwelt getrennt. Nun, da ich die Welt wie meine linke Hosentasche kannte, machte ich mir keine großen Sorgen mehr. Ich packte schnell meine Habseligkeiten zusammen: eine dünne Decke, einen Handspiegel und sechs kleine Wachsfiguren; einen Affen, einen Pandabären, eine Giraffe, einen Elefanten, ein Känguru und einen Pinguin. Ich wusste nicht, was ich damit anfangen sollte, aber ich besaß diese Figuren seit ich denken konnte und wollte sie nicht zurücklassen. Schließlich schlich ich in die dunkle Speisekammer. Die Flururhr schlug dreimal, drei Uhr morgens. Niemand würde wach sein und mich sehen. Also schaltete ich das Licht an und packte etwas Wasser, Brot und Schinken in einen Beutel. Dann machte ich das Licht wieder aus und verließ die Kammer. Ich sah mich im Erdgeschoss um. Nichts von alldem hier würde ich jemals vermissen. Verabschieden brauchte ich mich nicht. Von wem auch? Jahrelang war ich alleine gewesen. Gut gelaunt ging ich aus der Haustür, doch nach fünf Schritten verflog die gute Stimmung, als ein dröhnendes Hupen mich vor Schreck einen Satz zur Seite springen ließ.

Noch nie hatte ich ein Auto hupen gehört. Alles, was ich im Heim gelernt hatte, war Kochen, Putzen und immer schön Ordnung halten. Die Veränderung war enorm. Die Autos, Bäume, Vögel, Menschen in Bewegung und Ton ließen die Welt wie eine andere erscheinen.

Vorsichtig guckte ich mich um. Der Autofahrer sah mich vorwurfsvoll aus seiner Kiste an. Es war Herr Huber aus Salzburg, der seine Familie hier in Köln besuchen wollte. Fragt mich nicht, woher ich das wusste, aber vor fünf Monaten hatte ich es an seinem Gesicht abgelesen und mir gemerkt. Nun hatte er kein verträumtes Lächeln mehr auf den Lippen. Er hupte ein weiteres Mal, bis mir auffiel, dass ich noch immer auf der Fahrbahn stand und diese nun schnell überquerte.

In den nächsten Tagen geschahen ähnlich peinliche Ereignisse. Ich fuhr zum ersten Mal mit dem Bus und Karl Bängler, der Busfahrer, fragte mich nach irgendeiner Busfahrkarte. Irritiert stieg ich wieder aus.

Abgesehen von solchen Kleinigkeiten gefiel mir die Welt in Bewegung viel besser. Das Rauschen der Bäume und das Pfeifen des Windes stimmten mich fröhlich, ebenso Menschenlachen und Vogelgezwitscher. Meine Haare wurden vom Wind gestreichelt und die Luft roch nach frischem Regen. Ich dachte an die Frau auf dem Foto und den Spruch auf der Rückseite und zog es aus meiner Jackentasche. Vielleicht sollte das ein Wegweiser zu ihr sein. Mit der ersten Zeile konnte ich nichts anfangen. Wie konnte ein Ort nah dran und gleichzeitig weit weg sein? Auch die Nächste sagte mir nichts. Doch dann stutzte ich. Rechts neben dieser Zeile stand in krakeliger Schrift ein Wort und ich brauchte eine Weile, um es zu entziffern. (Wasser) stand dort. Das brachte mich zumindest etwas weiter. Ich musste zum Rhein. Das würde auch erklären, wieso im Text stand, dass der Ort tief sei. Um den Rhein ist ein Bereich etwas flacher, also tiefer. Trotz der vielen Gelegenheiten stehenzubleiben, nutzte ich zwei Tage lang keine. Ich war todmüde, verspürte aber den Drang weiterzulaufen. Eine innere Stimme sagte mir, dass ich nicht viel Zeit hatte. Das zusätzliche Jahr war ein großer Vorteil bei der Suche nach dem richtigen Weg. Alles war mir bekannt und ich brauchte nur meiner inneren Karte zu folgen. Als ich schließlich erschöpft in einer Nestschaukel einschlief, hatte ich einen seltsamen Traum.

Ich erinnerte mich, dass ich diesen Traum schon einmal hatte, als ich 8 Jahre alt war. Schon seit langem hatte ich den seltsamen Traum vergessen. Nun tauchte das gleiche Bild wieder auf. Ich befand mich in einem großen und prunkvollen Turmzimmer. Rechts von mir stand ein altes Klavier vor der tapezierten Wand. Auf dem Klavier lagen ein kleiner Spiegel, zwei Puppen mit zerschlissenen Kleidern, mehrere Spielkarten, ein Pokal, ein Schachbrett mit blauen und roten Feldern und ein Bild von Fabelwesen. Neben dem Klavier stand ein leeres, rosafarbenes Babybett, in dem ein Teddy lag. Daneben gab es ein Fenster, durch das man auf eine wunderschöne Landschaft blicken konnte. Eine Kirschbaumallee schmückte eine reich befahrene Kiesstraße. Kutschen fuhren kreuz und quer. Weite Wiesen und Felder umrahmten das Paradies. Vorsichtig ging ich in den Raum und spürte einen flauschigen Teppich unter meinen Füßen. Ich sah in einem großen Spiegel gegenüber von mir ein kleines, dunkelhaariges und drahtiges Mädchen mit schüchtern nach vorne gezogenen Schultern. Dieses Jammerbild wollte ich sofort vergessen. Schnell guckte ich in eine andere Richtung, wo der letzte größere Gegenstand auf mein Betrachten wartete. Ein alter Schrank, an dem zwei große Plakate mit Paradieslandschaften hingen. In der Mitte des Raumes stand ein junges Paar, eng umschlungen und stürmisch küssend. Noch nie hatte ich jemandem beim Küssen zugesehen und langsam fühlte ich mich wie ein Spion, doch im nächsten Moment endete der Traum und ich wachte verstört auf. Mir ging auf, dass das Paar dasselbe sein musste, wie in meinem Traum mit der Versammlung und die Frau war die Frau auf dem Foto in meiner Hosentasche.

Es war Morgen geworden und ich schlüpfte aus der Schaukel. Langsam und in Gedanken versunken lief ich los und kam nach einiger Zeit tatsächlich am Rhein an. Und jetzt? Wo sollte ich jetzt langgehen? Unentschlossen sah ich mich um. Rechts von mir gab es Läden, in denen alles Mögliche verkauft wurde. Beispielsweise war da ein Händler, der Tassen, Teller und andere Porzellanwaren verkaufte, aber auch Spiele und genau, ein rosa-blau getäfeltes Schachbrett. Das war doch tatsächlich das Brett aus dem Traum. Ich dachte an die übrigen Gegenstände und mir fiel auf, dass ich eines der zwei Plakate auf einer Litfaßsäule und ein Mädchen (Lynn), das mit einer (der) Puppe am Straßenrand stand, gesehen hatte. Die ganze Zeit war ich unbewusst meinen früheren Erinnerungen gefolgt. Mir fiel noch etwas ein. Den kleinen Spiegel, der im Traum auf dem Klavier gelegen hatte, trug ich in meiner Hosentasche. Bedächtig zog ich ihn heraus und sah ihn mir eingehend an. Auf einmal sah mich ein freundliches Männergesicht mit Dreitagebart aus dem Spiegel heraus an. Sofort wusste ich, dass dieser lächelnde Mann nur einer sein konnte. Ich hatte ihn zwar anfangs nicht erkannt, weil ich ihn im wahren Leben noch nie gesehen hatte, aber dies musste mein Vater sein. Er hatte die gleiche Augen- und Haarfarbe, die gleichen Grübchen beim Lächeln. Anders gesagt, wir sahen uns wie aus dem Gesicht geschnitten aus. Plötzlich fing er an zu sprechen. Aber nein, er sprach nicht, ich hörte seine Gedanken! Mein Vater dachte: „Warum soll ich mich in jemanden verlieben, den ich nicht liebe, selbst wenn es die Prinzessin ist und jemanden nicht lieben, den ich liebe und dessen und meine Tochter bald geboren wird? Ist die Verbannung meine Schuld? Nun kann ich nur hoffen, dass Clare es schafft. Noch ein Tag, bis sie hier sein muss. Sonst darf ich Anne nicht lieben, muss die Prinzessin heiraten und darf nie wieder meine wahre Familie sehen oder gar mit ihnen leben."

Nun wusste ich Bescheid. Das Baby, das in eine andere Welt geschickt werden sollte, war ich. Ich kam nicht von hier, sondern von einer weit entfernten Welt, die ich durch ein Portal erreichen konnte, das hier in der Nähe sein sollte. Nun begannen die ersten Zeilen des Rätsels auf dem Foto Sinn zu ergeben. Das Portal musste an einem Ort sein, wo viele Menschen hingingen, aber natürlich kannten sie die andere Seite des Portals nicht, obwohl sie womöglich direkt davor standen. Meine Aufgabe war es, das Portal zu finden und meine richtige Welt zu erreichen. Dann würde meine Familie wieder vereint sein. Mein Vater wartete auf mich, meine Mutter war die, mit der Papa im Turm geknutscht hatte, also die Frau vom Foto und ich war das kleine Mädchen, das die Aufgabe hat, in ihre Welt zu finden. Und der Höhepunkt: Für meinen Auftrag hatte ich nur genau einen Tag Zeit.

Ich musste mich beeilen, musste los. Also ging ich. Bei jeder Stelle, wo es mehrere Wegmöglichkeiten gab, sah ich mal einen Spielladen mit Teddybär und Puppe, mal war da eine Schachhalle mit Pokalen und einmal sah ich sogar das Babybett in einem Kinderzimmer. All diese Dinge waren auf der rechten Seite der Straße, die ich nehmen musste. Nach zehn Stunden laufen wusste ich plötzlich nicht mehr, wo ich lang musste. Es gab keinen Hinweis. Von da an irrte ich durch die Stadt. Kannte mich zwar aus, hatte aber trotzdem keine Ahnung, wo mein Ziel war. Eine innere Stimme schrie mich an: „Nur noch dreißig Minuten!" Auf einmal stand ich am Ende einer Straße und sah etwas mir wohl Bekanntes. Da stand er. Der Turm aus meiner Erinnerung. Hoch, aber auch tief, geisterte mir im Kopf umher. Ein langer Weg führte dorthin und ich durfte mir keinen Fehler, von wegen vor Autos laufen, erlauben. Wieder einmal erinnerte ich mich mit Schaudern an meine erste Autobegegnung in Bewegung. Als ich endlich vor dem Eingang des Turms stand, war ich schweißgebadet und brauchte eine Pause, um Luft zu holen. Mindestens dreimal wäre ich beinahe von einem Auto überfahren worden. Als ich dann dachte, ich hätte es geschafft, hielt ein Fahrrad abrupt und mit quietschenden Reifen, einen Fuß breit von mir entfernt, an. Schnell trat ich zur Seite und wurde beinahe von einem Bus überfahren. Endlich vor dem Tor angekommen sah ich auf und erstarrte. Auf den Torflügeln stand in großer, verschnörkelter Schrift: "*Der Durchgang zu einer anderen, der richtigen Welt.*"

Vorsichtig öffnete ich das Tor, und da war der Beweis. Das zweite Plakat hing neben vielen Werbeflyern für den Touristenturm an einer Pinnwand. Ich musste hoch in das Zimmer, das im Traum meines war, denn dann, so glaubte ich, wäre ich in der anderen Welt. Aufgeregt lief ich eine Wendeltreppe hoch. Sie schien nicht zu enden und als ich oben angekommen war, war ich vollkommen aus der Puste, doch ich hatte keine Zeit für Verschnaufpausen. Keuchend ging ich einen langen Korridor entlang. Dieser war für Touristen nicht mehr zugängig. Er war dunkel und ... unfreundlich. Am Ende des Ganges gab es eine alte, verrostete Tür, die allerdings durch darauf geklebte, bunte Spielkarten verschönert wurde. Dort musste ich durch. Ohne weitere Überlegungen trat ich ein und fand mich im Turmzimmer gegenüber meiner Mutter wieder.

Sie wischte eine Freudenträne weg und lief mir entgegen. Auch ich sprang los, um sie in die Arme zu schließen. Wir waren nur Millimeter weit voneinander entfernt, als wir gegen einen Widerstand stießen. Der Aufprall nahm mir den Atem und mir wurde einen Moment schwarz vor Augen. Das durfte doch nicht wahr sein! Ich blinzelte und blickte auf das Gesicht meiner Mutter, das mich durch eine plötzlich aufgetauchte Glasscheibe genauso verdattert anstarrte, wie ich mich fühlte. Theoretisch könnte es auch sein, dass die Scheibe schon immer da gewesen war, ich hatte nicht so sehr darauf geachtet. Ich hatte zwar keine Ahnung von Verboten und Regeln auf der Welt, aber das Zerschlagen einer mir nicht gehörenden Glasscheibe gehörte sicher nicht zum Erlaubten. Mit meinem ganzen Gewicht schlug ich gegen die Scheibe und rief und schrie nach meiner Mutter, die ich noch nie wirklich gesehen hatte und die auf den ersten Blick überhaupt nicht nach mir aussah, doch mein Herz sagte mir, dass sie die erste Person war, die mich auf der Welt erblickt hatte. Und diese Person sollte ich niemals erreichen? Nicht mit mir! Verzweifelt nahm ich Anlauf und sprang mit voller Wucht gegen das Glas und wurde unsanft nach hinten katapultiert.

„Noch zehn Minuten", schluchzte es in meinem Kopf und ich sah, wie Mutter ihre Lippen bewegte. Es brachte alles nichts.

„Noch acht Minuten." Ich schlug und trat.

„Noch fünf Minuten." Mutter sank zu Boden, an die Scheibe gelehnt und obwohl ich es nicht sah, ich wusste, sie weinte bitterlich.

„Noch drei Minuten." Ich zog alle meine Habseligkeiten aus den Jackentaschen und warf sie gegen die Scheibe. Dabei zerbrach mein Handspiegel und blieb in zwei Hälften zu meinen Füßen liegen.

„Noch zwei Minuten." Ich hämmerte mit aller Macht, doch hatte ich die ganze Zeit das Gefühl, die doppelte Macht zurückgeworfen zu bekommen. Plötzlich erinnerte ich mich an das Rätsel. Ich bin allein, aber viele begleiten mich. Natürlich, also letzter Versuch: Ich schloss die Augen und versuchte mir vorzustellen, alle Menschen der Welt, die ich ja so gut kannte, würden neben mir stehen und sich mit mir gegen die Glasscheibe werfen und diese würde zerspringen. Mit neuem Mut öffnete ich wieder meine Augen und stellte fest, dass ich nicht mehr alleine war. Neben mir stand das Hologramm von Herrn Huber und auf der anderen Seite Karl Bängler und Lynn. Überall um mich herum konnte ich die Umrisse aller Menschen der Welt sehen. Es waren zwar nur Hologramme, aber die ganze Welt hinter sich zu haben, war ein enormes Gefühl.

„Noch zehn Sekunden." Kaum nahm ich diese Worte war, so überwältigt und unbeweglich stand ich da und staunte. Lynn stieß mir ihren Ellenbogen in die Seite und ich hatte mich wieder unter Kontrolle.

„Bei drei springen wir!", rief ich.

„Noch fünf Sekunden!", schrie die Stimme in meinem Kopf. Wir hatten keine Zeit mehr. Ich brüllte: „Umentschieden! Jetzt!", und sprang. Mir kam es vor, als würde eine Lawine auf das Glas zurollen und diese überrollen. Es klirrte laut, als die Scheibe zersprang. Die Zeit war um.

Plötzlich verwandelte sich das Glas in goldene Wellen, die nach und nach in das Nichts verwehten und eine seichte Stimme flüsterte mir in das Ohr: „Du hast die Aufgabe vortrefflich gelöst." Um mich herum war Stille. Die Hologramme waren fort und nur meine Mutter und ich blieben zurück. Erschöpft, überrascht und unendlich glücklich, fiel ich meiner Mutter in die Arme und wollte sie nie wieder loslassen. Dann drehte sich alles um uns in goldenem Schimmer und nachdem der Strudel aufhörte sich zu drehen, sah ich erst keine große Veränderung, doch dann merkte ich, dass die Luft viel wärmer und angenehm frisch war und nur die wegweisenden Gegenstände fehlten. Etwas berührte meinen Fuß und ich blickte auf den Boden. Dort lagen meine Sachen auf dem Teppich. Die Spiegelhälften blitzten auf und in der einen Hälfte erschien das Gesicht meines Vaters. Er lachte und rief: „Ich komme zu euch."

„Wieso ist er nicht hier gewesen?", fragte ich meine Mutter.

Sie antwortete: „Wir durften uns nach deiner Geburt nicht mehr sehen und er musste bei der Prinzessin bleiben. Hier verging nur ein Jahr, während du fünfzehn Jahre verbracht hast. Aber nun sind wir wieder vereint und auch dein Vater wird bald kommen." Fröhlich quiekend fügte sie hinzu: „Wie gerne würde ich jetzt Prinzessin Floriannes Schmollmund sehen." Ihr Auge zwinkerte mir aus der zweiten Spiegelhälfte zu. Zum hundertsten Mal umarmte ich sie und zusammen gingen wir Arm in Arm in das Paradies, mein neues Zuhause, auf dem Weg zu meinem Vater.

Wenn ihr irgendwann einmal ein blau-rotes Schachbrett oder die anderen Dinge aus dem Turm seht, findet ihr vielleicht ja den Weg zu mir. Und wenn ihr dann da seid, weiß ich genau wer ihr seid, denn ich erkenne jeden von euch auf den ersten Blick. «

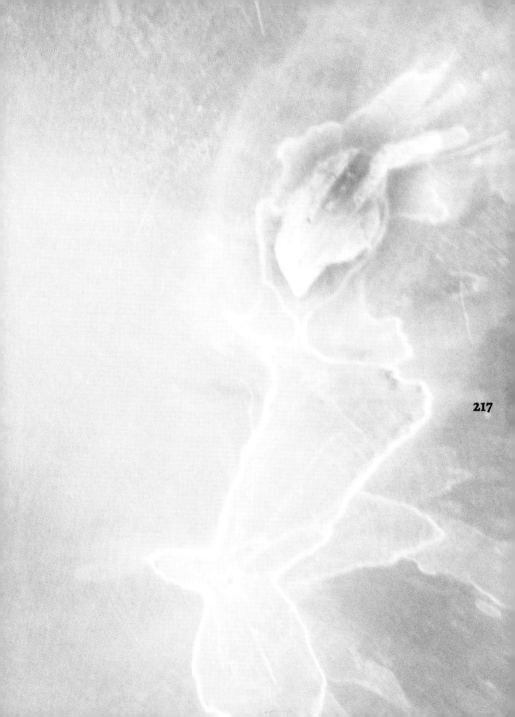

Steckbrief
MAREIKE

»Freiheit muss man mit Blut bezahlen«, »Gewitter«

Altersempfehlung
ab 14 Jahren

**Alter beim
Schreiben des Textes**
16 Jahre

Freiheit muss man mit Blut bezahlen

Er stand vor mir. Zitterte. Es war ein Zittern, mehr als das vor Kälte. Mehr als das vor Aufregung. Es war dieses Zittern der Angst. Dieses Zittern, das man unmöglich wieder bändigen konnte. Neben ihm, auf dem Boden, seine Bierflasche. Kaputt. Zerbrochen. In unendlich viele, kleine Teile und das restliche Bier breitete sich unaufhaltsam in alle Richtungen weiter aus.

„Siehst du, ich habe die Seele aus dem Körper befreit." Er lächelte zufrieden. Sein Blick folgte der auslaufenden Flüssigkeit. Mit seinen Händen, die er nicht mehr unter Kontrolle hatte, versuchte er blind seine Zigarettenschachtel aus der rechten, inneren Jackentasche zu fischen. Die Schachtel fiel runter. Ein Wunder, dass er überhaupt stehen konnte, dass er überhaupt noch etwas wahrnehmen konnte.

„Wir sind alle frei, aber eingesperrt in einem Körper. Ich werde mich befreien." Die Zigaretten hatte er mittlerweile ganz vergessen. Stattdessen zog er ein Messer aus seiner Hosentasche. Mit beiden Händen hielt er es fest. Er hätte es anders nicht mehr geschafft. Die Angst schaffte es jedes Mal, ihn so zu unterdrücken. Sie tat mit ihm, was sie wollte. Er konnte sie nicht bändigen. Sein Ziel war anscheinend sein linker Unterarm, denn in ihn hatte sich bereits sein Blick fest verbissen. Er löste die linke Hand von dem Messer. Und es fiel. Ein klirrender Ton erklang in die sonst nur durch sein Schnauben unterbrochene Stille. Seine Angst hatte ihn gerettet. Aber auch eingesperrt. Er hatte es nicht geschafft, aus seinem Körper zu fliehen, wie er sagen würde.

„Freiheit muss man mit Blut bezahlen. Ich werde frei sein."

Mittlerweile hatte das Bier seine etwas dürftigen Schuhe durchweicht. Das Zittern wurde schwächer. Seine Augen fingen an zu strahlen. Seine Mundwinkel erhoben sich. Er fiel. Und er zerbrach. Aber er war frei. Ich liebe ihn. **«**

Gewitter

Wind,
dessen Stärke und Energie seine Macht beweist.
Sonne,
deren Wärme und Licht im Schatten vergeht.
Wolken,
deren Glanz und Schönheit sich
in die Hässlichkeit ihrer Seelen wandeln.
Donner,
dessen Lärm dich ertaubt.
Blitz,
dessen Licht dich erblindet.
Luft,
deren Klarheit dich erstickt. ((

Teresa Wenz

Steckbrief
TERESA WENZ

»Wegschauen gilt nicht!«
Altersempfehlung ab 16 Jahren

Wohnhaft in Deutschland/Rheinland-Pfalz

Alter beim Schreiben des Textes 12 Jahre

Geburtsjahr 2003

Klassenstufe 7

Hobbys Reiten, Kajak fahren, Yoga, Freunde treffen, Musik hören, lesen, backen

Berufswunsch Ärztin, Autorin

Die Idee hinter diesem Text In der heutigen Zeit schauen die meisten Menschen einfach weg, anstatt zu helfen.

Wegschauen gilt nicht

Es war schon spät und der Wind fegte durch die leeren Straßen. Ich machte meine dünne Jacke fröstelnd bis ganz oben zu und schaute in den Himmel. Es waren dunkle Wolken aufgezogen und es roch förmlich nach einem Unwetter. Ich legte noch einen Zahn zu, um trocken nach Hause zu kommen. Donnerstags machte ich im Kindergarten immer etwas später als sonst Schluss, da meine Chefin Elena und ich den Spielraum in ein kleines Kino für Freitag umbauten. Da konnte es schon so zwei Stündchen später als gewöhnlich werden. Trotzdem liebte ich die Arbeit im Kindergarten sehr. Das Zusammensein mit den Kindern war das Schönste für mich. Zu sehen, wie sie lachten, ausprobierten und lernten. Das lag aber nicht nur daran, dass ich Kinder liebte.

Ich sollte nicht immer ein Einzelkind bleiben, doch das Schicksal entschied anders als meine Familie. Meine Mutter bekam viel zu früh die Wehen und musste ins Krankenhaus. Es war damals 1 Uhr früh und mein Vater und ich standen zitternd neben ihrem Bett. In dieser Nacht schenkte man uns einen kleinen Jungen. Doch es war zu früh für Leon. Sein Körper war zu klein und so nicht lebensfähig. Er konnte nicht bei uns bleiben. Drei Stunden später schlief er mit einem Lächeln auf den winzigen Lippen auf meinem Arm ein und wachte nicht mehr auf. Ich war damals erst 5 Jahre alt gewesen, doch das Erlebnis hatte mich geprägt. Und so kam es dazu, dass ich mir einen Beruf aussuchte, der viel mit kleinen Kindern zu tun hat. Ein heftiger Windstoß holte mich aus meinen Gedanken und erinnerte mich wieder an das bevorstehende Gewitter. Es war recht kalt für Mai und ich ärgerte mich nicht zum ersten Mal darüber, dass ich nur die dünne Jacke angezogen hatte.

Und es wurde zusehends dunkler über meinem Kopf. Ich überlegte nicht lange, sondern entschloss mich kurzerhand dazu, meine Abkürzung hinter den Häuserreihen zu nehmen. Es würde da wahrscheinlich noch dunkler als auf der Landstraße sein, aber ich hatte keine Angst und wollte nur noch in meine Wohnung. Mein Sofa und eine heiße Schokolade warteten auf mich. Kurze Zeit später bog ich in die schmale Gasse ein, die nach ungefähr 100 Metern auf meine Straße stößt. Ich ging mit zackigen Schritten an den Häuserrückwänden entlang, als ich etwas hörte. Es war ein leises Rufen. Vielmehr ein verzweifeltes Schluchzen. Ich blieb erschrocken stehen und lauschte.

20 Schritte vor mir war eine kleine Nische in ein Haus gemeißelt worden. Schon wieder dieses Schluchzen. Es schien eine junge Frau zu sein. Das schmutzige Lachen eines Mannes kam dazu. Die beiden Stimmen schienen aus der Nische zu kommen. Ich schlich mich näher heran und blickte vorsichtig um die Ecke. Ich sah zwei Gestalten. Die kleinere versuchte vergeblich, sich zu befreien.

„Bitte John, lass mich. Nein, ich will nicht", weinte die Frau.

„Oh doch, du willst, mein Täubchen. Na los, komm her. Zeig dem lieben John, was du drauf hast." Ich hörte wieder ein Schreien der Frau. Der Mann schien das unheimlich witzig zu finden.

„Das Schreien bringt dir gar nichts. Haha. Niemand hört dich hier. Ich hab mir doch ein schönes Plätzchen für uns zwei ausgesucht, oder. Haha. Und jetzt mach endlich, sonst werd ich böse und das wollen wir doch nicht, mein Täubchen." Ich musste der jungen Frau helfen. Ich musste dazwischengehen. Die Polizei rufen. Doch ich tat es nicht. Ich konnte nicht. Ich hatte Angst. So leise wie möglich ging ich zitternd Schritt für Schritt rückwärts. Als ich weit genug weg war, drehte ich mich um und rannte davon. Und rannte. So schnell ich konnte passierte ich die Landstraße und hetzte weiter in Richtung meiner Wohnung. In Sekundenschnelle rasten mir die Gedanken durch den Kopf. Bilder zogen vorbei. Ich sah die Nische. Die beiden Gestalten. Ich wusste, ich hätte etwas tun können.

Die Frau retten. Und ich hasste mich dafür, dass ich es nicht getan hatte. In dem Moment vernahm ich ein leises Grollen über mir. Doch ich schaute nicht nach oben. Auch so wusste ich, dass das Gewitter direkt über mir war. Mit einem unnatürlich metallisch klingenden Geräusch zerplatzte der erste Regentropfen auf meinem Kopf. Immer mehr folgten. Bald war mein Haar vollkommen durchnässt. Aber das nahm ich nicht mehr wirklich war. Wie in Trance rannte ich durch die Straßen. Das Wasser lief mir das Gesicht hinunter. Ich wusste, dass es nicht nur der Regen war. Ich konnte die Tränen nicht zurückhalten. Sie strömten aus meinen Augen und vermischten sich mit den Regentropfen. Zitternd und komplett nass erreichte ich endlich das Haus, in dem meine Wohnung war. Ich konnte mich kaum noch auf den Beinen halten, während ich versuchte, die Eingangstür aufzuschließen. Nach 3 Versuchen schaffte ich es und zog mich in den zweiten Stock hinauf. Nachdem ich meine Wohnungstür aufgeschlossen hatte, stürzte ich schluchzend in meine Wohnung. Ich schaffte es gerade noch in das Bad. Vor der Dusche brach ich mit einem markerschütternden Schrei zusammen. Es war zu viel. Ich zitterte und weinte hemmungslos. Verzweifelt krallte ich mich an die Duschwand und Schauer durchzogen mich. Ich hatte Angst. Solche Angst. Ich drehte an dem Duschkopf und heißes Wasser strömte auf mich nieder. Ich hatte nichts gesagt. Ich hatte das arme Mädchen im Stich gelassen. Ich wusste, ich war ein schlechter Mensch. Ich hatte weggeschaut, anstatt die Augen aufzumachen und hinzusehen. Zu helfen. Die Vorwürfe waren unerträglich und ich wollte schon in die Küche rennen und 20 Schlaftabletten auf einmal schlucken. Doch dafür war ich zu schlapp. Nach ungefähr einer Stunde unter der Dusche hatte ich meine Besinnung halbwegs wieder und zog mich um. Ich hatte mich dazu entschlossen, wegzusehen. Jetzt war es zu spät. Ich musste damit leben. Obwohl ich große Angst vor der Nacht und meinen Alpträumen hatte, legte ich mich erschöpft ins Bett und schlief bald darauf ein. Die Träume kamen und ich wachte ein paar Mal auf und war jedes Mal wieder voller Angst. Doch dann kam der Morgen und ich hielt es im Bett nicht mehr aus. Viel zu früh erschien ich im Kindergarten.

Aber ich konnte nicht mehr allein sein. Elena wunderte sich natürlich, warum ich so früh schon da war, aber ich mühte mir nur ein schwaches Lächeln ab und murmelte etwas von schlecht geschlafen und früh aufgestanden. Insgeheim hoffte ich, dass die Kinder mich ablenken würden. Doch so war es nicht. Immer, wenn ich in die unschuldigen Augen meines Lieblings Lena schaute, dachte ich daran, dass sie vielleicht auch irgendwann Opfer eines miesen Verbrechens werden könnte. Die Schuldgefühle und die Verzweiflung stiegen in mir hoch und im Laufe des Vormittags bekam ich heftige Kopfschmerzen.

Erst als Elena mich besorgt fragte: „Melanie, geht's dir nicht gut? Du bist ja blass wie ein Gespenst!", merkte ich, wie abwesend ich gewesen war.

„Nein, nein. Ist schon alles gut, Elena. Hab nur'n bisschen Kopfweh", log ich. Trotzdem konnte ich sie nicht davon abhalten, mich nach Hause zu schicken. In meiner Wohnung warf ich mir erst einmal 2 Aspirin ein und ließ mich dann ins Bett fallen. Ich wollte eigentlich schlafen, aber ich konnte nicht. Und da war ich wieder. Allein. Still faltete ich meine Hände und betete. Ich war kein besonders religiöser Mensch. Und in die Kirche ging ich schon gar nicht. Trotzdem glaubte ich. Nicht unbedingt an Gott, doch ich wusste, irgendwas da oben wacht über uns, passt auf uns auf und entscheidet über unser Schicksal. Mit zittriger Stimme sprach ich meine Worte aus. Bat um Vergebung und Erlösung! Bald darauf schlief ich erschöpft ein.

Das Wochenende über ging ich nur selten aus dem Haus, sprach mit niemandem und verbrachte die meiste Zeit mit leisem Weinen im Bett. Aber manchmal packte ich mich auch aufs Sofa und schaute kitschige Kinderfilme im Fernsehen. Dann passierte es. Es war Samstag und schon spät. Ich hörte den Wind draußen rauschen und gerade war Aristocats vorbei. Auf Werbung mit lila Kühen und irgendwelchen Kaffeesorten hatte ich wenig Lust und so kam es, dass ich auf die Nachrichten umschaltete. „.... wurde ein Vergewaltigungsverbrechen in New Orleans angezeigt. Eine junge Frau namens Marie Willow behauptet, in der Nacht von Donnerstag, den 17.05.2016, auf Freitag, den 18.05.2016, in einer Gasse nahe der Apricot Street vergewaltigt worden zu sein. Angeblich kannte sie den Täter. John Williams. Dieser war ihr Arzt in der Psychiatrie. Doch das Verfahren wird sehr wahrscheinlich nicht weiter verfolgt, da sie erst vor kurzem aus der psychiatrischen Behandlung entlassen wurde und daher ihre Anzeige nicht als vollwertig genommen werden kann. Zudem stand sie unter hohem Drogenkonsum und die Ärzte führen ihr Erlebnis auf eine Einbildung und ihre Fantasien zurück. Zeugen gibt es auch keine, daher ist es höchst unwahrscheinlich, dass man Marie Glauben schenkt!", erklärte die Nachrichtensprecherin. Völlig nüchtern und ohne eine Miene zu verziehen, als ob sie über das Wetter sprechen würde. Wut stieg in mir auf. Es ging hier um einen Menschen, der sein Leben lang diese inneren Wunden behalten würde. Und ein Gedanke schob sich in meinen Kopf, und wollte nicht wieder verschwinden. Sollte Marie etwa das Mädchen sein, dass ... Nein! Unmöglich!

In dem Moment wurde ein Bild von Marie eingeblendet. Ich sah in grüne Augen. Augen, die eine solche Tiefe hatten, wie ich es noch nie gesehen hatte. Eine kleine Stupsnase befand sich über ihren roten Lippen. Wunderschöne, blonde Locken umrahmten ihr helles Gesicht. Marie war wunderschön. Und ich hatte sie verraten. Mir war klar, dass sie es war, die ich gesehen hatte. Ich hielt es nicht länger aus. Mich selbst verachtend sprang ich auf, schaltete den Fernseher aus und rannte aufs Klo. Plötzlich war mir kotzübel. Ich würgte und mein Abendessen kam mir hoch. Nach meinem zehnminütigen Aufenthalt auf der Toilette traute ich mich nicht mehr, den Fernseher noch einmal anzuschalten, also legte ich mich ins Bett und schlief sofort ein.

Nach einem scheinbar endlosen Tag kam der Montag und ich konnte wieder arbeiten. Mir ging es etwas besser und ich freute mich auf meine Kleinen. Elena umarmte mich zur Begrüßung und lächelte: „Schön, dass es dir besser geht, Melanie!" Ich lächelte zurück und schlug vor, heute alle mal Verstecken zu spielen. Besonders Lena war begeistert. Freiwillig wollte ich zählen und nach einer halben Minute begab ich mich auf die Suche. Schon bald hatte ich einige Kinder gefunden und hinter unserem Vorhang schaute Lenas Kopf hervor. Doch weil ich sie besonders gern hatte, tat ich so, als hätte ich sie nicht gesehen und wollte weitergehen. Doch eine kleine Hand hielt mich zurück. Langsam drehte ich mich um und sah in die Augen von Lena. Sie nahm ihre Brille ab und sagte leise, aber bestimmt: „Wegschauen gilt nicht, Melli! Ich weiß ganz genau, dass du mich gesehen hast."

Etwas regte sich in mir. Sie hatte Recht. Wegschauen gilt nicht!
„Du hast Recht! Ja, du hast Recht, Lena", flüsterte ich andächtig. Sie merkte nicht, was los war, da hatte ich sie schon fest umarmt und rannte zu Elena: „Kannst du mir heute freigeben? Bitte, bitte. Es ist total wichtig!"
„Ja, aber was ...", antwortete sie verdutzt. Schon halb aus der Tür rief ich ein „Danke" und sprang in das nächste Taxi. Es war nicht weit bis zur nächsten Polizeistation und so saß ich 5 Minuten später vor einem Beamten und erzählte ihm alles. Von meiner Abkürzung, über meine Beobachtung von John und Marie bis hin zu meiner Flucht. Anscheinend war er so überrascht, dass er mir sofort glaubte und seine Kollegen anwies, Marie Willow ins Präsidium zu holen. 20 Minuten später schwang die Glastür auf und sie kam herein. Marie sah nicht gut aus, ihr Gesicht war ein wenig verweint und unter ihren grünen Augen zeichneten sich dunkle Augenringe ab. Sie blieb stehen und schaute mich an. Ihre Augen waren voller Hoffnung und Flehen, aber ich sah auch tiefe Trauer in ihnen.
„Miss Willow, dies ist die Zeugin Melanie Sommer", stellte der Beamte mich vor.
„Du hast es also gesehen", sagte Marie leise. Ich nickte und senkte den Blick. Der Polizist erklärte uns noch, dass es ja jetzt eine Zeugin gebe und Mr. Williams sich vor Gericht verantworten müsse. Er versicherte uns, mit einem guten Anwalt würde Marie das Verfahren sicher gewinnen. Ich sah, wie Maries Augen anfingen zu leuchten und in dem Moment wusste ich, dass es richtig gewesen war, endlich zur Polizei zu gehen.

Zwei Monate später saßen Marie und ich im P J' Coffee und aßen Kuchen. Wir waren gute Freundinnen geworden. Nach einigen anstrengenden Wochen hatten Marie und ich den Fall gewonnen und John Williams wurde verhaftet und zu 5 Jahren Gefängnis verurteilt aufgrund Vergewaltigung, illegalem Drogenbesitz und -missbrauch. Ich wusste, es waren viel zu wenig Jahre. Für so ein Verbrechen müsste es lebenslänglich geben. Maries innere Wunden würden nie ganz verheilen. Aber so etwas verstanden die Richter nun mal nicht. Maries Lachen holte mich aus meinen Gedanken. Sie zeigte kichernd auf den Rest meines Kuchenstücks. Es sah aus wie eine Biene. Lachend aßen wir weiter. Plötzlich nahm Marie meine Hand und drückte sie fest. Sie lächelte mich an und in ihren grünen Augen sah ich nichts als Liebe und Glück. Ja, pure Wärme.

„Danke für alles", hauchte sie. Marie hatte viel durchgemacht und ich bewunderte sie dafür, wie stark sie war. Aber sie war glücklich. Sie hatte mir vergeben, war mir nicht böse. Und ließ mich spüren, dass ich für sie kein schlechter Mensch war. Ja, Marie konnte wieder lachen und war einfach nur glücklich. Und ich merkte, dass auch ich glücklich war. **«**

Steckbrief
PROF. DR. JOACHIM HOFMANN-GÖTTIG

»Kommissar X – Der Schatz im Keller«

Altersempfehlung ab 14 Jahren

Prof. Dr. Hofmann-Göttig (ganz rechts)

Wohnhaft in Deutschland/Rheinland-Pfalz

Alter beim Schreiben des Textes 11 oder 12 Jahre

Geburtsjahr 1951

Klassenstufe 7

Hobbys (damals) Sport und lesen

Berufswunsch (damals) Polizist

KOMMISSAR

DER SCHATZ IM KELLER

Es war am 13.04.1951. Jo Luis Walker, der berühmte New-Yorker Privatdetektiv, fuhr mit seinem spinatgrünen SL zum Bankgebäude der Nationalbank. Diese Bank ist die größte der ganzen Welt. Der Direktor, Mr. Blankets, begrüßte Jo knapp. Er war sehr nervös. Mit kurzen Worten erklärte er Jo den Sachverhalt:
„Heute um 16:30 Uhr wurden bei mir 13 Kisten Gold gestohlen. Dieses Gold hat einen Wert von 2 Millionen Dollar. Sie können sich meine Aufregung vorstellen." Jo wurde sehr nachdenklich.
„Ich kann mir das kaum vorstellen, die Nationalbank wird doch von mindestens 100 Polizisten bewacht. Das wird ein Fraß für die Presse. Ich glaube, wir müssen Interpol einschalten und das FBI auch. Wurde jemand verletzt?"
„Ja, ein Polizist wurde erschossen!" Nach diesem Gespräch fuhr Jo Walker zur City Polizei. Er stürmte die Treppe hinauf zu seinem Freund Tom Rowland, Leiter der I. Mordkommission. Der Captain war bereits im Bilde.

„Na, Du Nachteule! Hast Du auch schon vom Schatz im Keller gehört?!", fragte der Captain.

„Ich habe von Mr. Blankets den Auftrag bekommen, den Fall aufzuklären. Einen 1.000 Dollar-Scheck habe ich auch bekommen."

„Na, da erblasst man ja vor Neid! Wie ich Kommissar X kenne, hat er auch schon einen Verdacht."

„Nein, leider nicht. Kommissar X passt."

Eric war ein mittelmäßiger Gangster. Zum Mord fehlte ihm jeglicher Mut. Deshalb war seine Aufregung auch verständlich, als er den Polizisten umgebracht hatte. Die Kameraden hatten ihn im Stich gelassen. So wandelte er auf den Straßen herum. Er merkte nicht, dass ihn schon seit geraumer Zeit ein Mann verfolgte. Jetzt sah auch er es. Er begann zu rennen, doch der Verfolger war unerbittlich. Bald hatte er ihn eingeholt.

Jo Luis Walker streifte durch die 145. Bald war er in der Broadway. Dort wohnte ein V-Mann. Er hieß Paul Parker. Er trug immer schweinslederne Handschuhe und war über 60 Jahre alt. Früher war er auch ein Gangster. Nun verdiente er sich sein Geld damit, dass er der Polizei Informationen verkaufte, die für sie wichtig waren. Deshalb ging auch Kommissar X zu ihm. Es dauerte nicht lange, bis Parker in den SL stieg und mit nach Bronx fuhr. Jo hatte eine schöne 3-Zimmer-Wohnung in der Gown Hill Road. Er war Junggeselle, deshalb ging er auch oft in einem Restaurant essen. Mit einem geübten Griff zog Kommissar X die Hausbar heran und schenkte seinem Besucher einen Cognac ein. Nun rückte Parker mit der Sprache heraus: „Ich wusste, dass Dich dieser Fall interessiert. Deshalb habe ich ein bisschen herumgehört. Dabei stieß ich auf einen Eric. Er hat den Polizisten umgebracht. Hier ist ein Bild von ihm."

„Danke, das war schnelle Arbeit! Du weißt nicht, wo er sich zurzeit befindet?"

„Doch, er ist in Manhattan."

„Manhattan ist groß."

„Du wirst ihn finden." Damit machte Parker die Tür zu und war verschwunden. Jo betrachtete das Bild und machte sich auf den Weg nach Manhattan. Diesmal kam Kommissar X ein Zufall zur Hilfe. Kaum hatte er den Wagen gestoppt, als ihm der Mann, den er suchte, beinahe in die Arme fiel. Er schloss seinen Wagen ab und heftete sich an die Fersen von Eric. Als er merkte, dass Eric kein bestimmtes Ziel hatte, begann er schnell zu laufen. Eric war verwirrt, als er ein fremdes Gesicht sah. Er zog seinen 45er Colt. Die rechte Faust von Kommissar X schoss vor und traf genau die Schusshand. Die Waffe entfiel Eric. Doch nun ging er zum Gegenangriff. Mit ein paar kurzen Schlägen warf er Kommissar X zurück. Eric rannte davon. Er rannte um sein Leben. Denn er wusste, wenn dieser Bursche ein Polizist war, drohte ihm der elektrische Stuhl. Kommissar X sprintete hinterher. Bald hatte er Eric wieder eingeholt. Er ließ seine Rechte in Erics Magen sausen, die Rechte explodierte unterm Kinn. Eric begann zu träumen.

Tom Rowland machte ein Gesicht, als wenn die Welt unterging, als Kommissar X mit seiner Beute ankam.

„Nun, dass war schnelle Arbeit."

„Ja, aber das Gold ist nicht da. Es sind immerhin 2 Millionen."

Nach diesen Worten schob ein Sergeant den Kopf in Toms Büro. In seiner Hand hielt er den Kugelvergleich. Die Polizei hatte die Kugel aus dem toten Polizisten geholt und mit einer von Erics Waffen verglichen. Tom warf einen kurzen Blick darauf. Die Spezialisten behaupteten, es sei dieselbe. Damit wäre Erics Schuld klar bewiesen. Tom ließ Eric herbringen. Dann begann er mit dem Verhör.

„Wir haben einen Kugelvergleich angestellt. Damit wurde klar bewiesen, dass Sie der Mörder sind. Ich gebe Ihnen eine Chance: Wenn Sie uns einen Hinweis auf Ihre Komplizen geben, setze ich mich für mildernde Umstände ein."

Eric konnte nicht mehr anders. „Ich weiß nicht, wo sie genau sind. Aber die Burschen haben mich im Stich gelassen, deshalb werde ich alles sagen." Ein Beamter schrieb eifrig mit. Kommissar X hörte gespannt zu. Eric erzählte weiter: „Ich weiß nur so viel, dass es noch drei sind. Sie wollen das Gold einschmelzen und dann nach Mexiko fliehen. Das Gold schmuggeln sie mit einem U-Boot über die Grenze." Tom Rowland hing schon am Telefon und ließ die mexikanische Grenze sperren. Dann rief er die Marine an, sie sollten besonders bei U-Booten aufpassen. Danach fuhr er mit seinem Verhör fort. Doch Jo unterbrach ihn: „Wissen Sie eigentlich, wo Ihre Komplizen zur Zeit stecken?"

„Nein, aber ich glaube in den Kanälen unter Manhattan." Danach wurde Eric wieder abgeführt.

Während Tom Rowland noch mit dem FBI telefonierte, um eine 100-Mannschaft anzufordern, schlich Jo aus dem Zimmer. Er stieg in seinen SL und schoss in die City hinein. Kommissar X hielt vor einer Kneipe, in der Parker gerade einen Cognac trank. Jo bestellte sich einen Whisky. Danach führte er mit Parker ein aufschlussreiches Gespräch. Danach nahm er noch ein Steak zu sich und verließ die Kneipe und war für das New Yorker Tageslicht verschwunden.

Buck, Tim und Chers fühlten sich sehr sicher. Alle drei waren ausgekochte Ganoven. Sie fühlten sich so sicher, dass sie nicht einmal die leisen Schritte hörten, die vor der Eisentür zu ihrem Zimmer verhallten. Sie waren beim Schmelzen des Goldes. Sie wussten, dass Eric geschnappt worden war, aber das beunruhigte sie nicht im Geringsten. Denn Eric dachte, sie wollten nach Mexiko mit einem U-Boot. Sie wollten aber nach England. Vorher wollten sie noch das Gold einschmelzen, damit niemand den Prägestempel sah. Nur eine Tatsache beunruhigte sie, nämlich dass Kommissar X im Spiel war. Er ist sehr gefährlich, dass wussten sie. Sie würden aber noch viel unruhiger sein, wenn sie gewusst hätten, dass vor ihrer Tür Kommissar X mit seinem Spezial-Dietrich leise die Tür öffnete.

Rowland wusste nicht, was er davon halten sollte, als er den leeren Platz sah, wo vor seinem Gespräch Kommissar X gesessen hatte. Aber jetzt ahnte er, dass Jo gewiss auf eigene Faust Gangster jagen wollte. Er rief seinen Vorgesetzten an und bat um 10 Mann, mit denen er zum Kanal wollte. Daher kam es, dass Kommissar X Verstärkung bekam, von der er nichts wusste. Aber er hätte nicht gedacht, wie nötig er sie brauchen würde.

Buck war der Anführer der drei Ganoven. Er war der Klügste und Stärkste von den dreien. Er war auch ein wenig unruhig. Deshalb schickte er Chers hinaus, er sollte sich mal umsehen, ob die Luft rein ist. Jo hatte es vor der Tür gehört. Er schloss schnell die Tür und drückte sich in den Schatten. Chers öffnete die Tür. Erstaunt bemerkte er, dass die Tür nicht abgeschlossen war, obwohl er sie zugeschlossen hatte. Deshalb ging er gleich zurück zu Buck und berichtete ihm. Danach nahm er eine Maschinenpistole und ging wieder hinaus.

Kommissar X sah in letzter Sekunde einen Schatten auf sich zukommen, er wich zur Seite. Doch Chers hatte ihn bemerkt. Er schrie nach Buck und feuerte blind mit seiner Maschinenpistole herum. Kommissar X geriet in Bedrängnis, er muss immer wieder einen Platzwechsel vornehmen. Er merkte nicht, dass er jetzt genau vor der Tür zum Raum stand und das wurde ihm zum Verhängnis. Schon wurde die Tür geöffnet und er bekam die Härte eines Gummiknüppels zu spüren. Er versank in Träume. Doch nicht lange, denn Chers schrie ihn an: „Nun Kommissar X, mit Deinen Fähigkeiten ist es wohl doch nicht so weit her!", so verhöhnte er Jo. Doch Buck wurde nachdenklich. „Woher wusstest Du unser Versteck?"

Doch Kommissar X schwieg wie ein Grab. Das brachte nun auch Jim zur Weißglut. Er schlug Kommissar X mit dem Gummiknüppel ins Gesicht. Jo verzog das Gesicht vor Schmerzen, doch er dachte nicht daran, Parker zu verraten. Deshalb musste er noch viele Schläge einstecken.

Endlich sahen sie ein, dass sie aus ihm nichts heraus bekamen. Sie fesselten ihn kunstgerecht und überließen ihn seinem Schicksal. Er sollte später getötet werden, aber jetzt hatten sie keine Zeit, denn sie mussten das Gold einschmelzen. Paul Parker machte sich Sorgen, er wusste das Versteck der Gangster. Er befürchtete, dass Jo allein hingegangen war. Deshalb gab er sich einen Stoß und ging zur nächsten Telefonzelle. Tom Rowland hatte schon den Hut auf dem Kopf und wollte mit den 10 Polizisten, die alle mit Maschinenpistolen bewaffnet waren, abziehen, da rasselte das Telefon. Ärgerlich warf er den Hut auf den Stuhl und griff nach dem Hörer.

„Hier City Police I. Mordkommission, Leiter Tom Rowland", brüllte er in den Hörer.

„Hallo Captain, fahren Sie mit ein paar bewaffneten Polizisten..."

„Wer sind Sie denn eigentlich? Und außerdem habe ich Eile", unterbrach der Captain den anonymen Anrufer. Damit warf er den Hörer auf die Gabel. Doch gleich darauf klingelte das Telefon wieder.

„Hallo Captain, wenn Sie mich noch einmal unterbrechen, können Sie Kommissar X alleine suchen." Tom wollte gerade wieder auflegen, als er noch Kommissar X hörte. Nun hatte er Zeit.

„Nun, was ist mit Jo, wo ist er? Mann, nun reden Sie doch."

„Kommissar X ist im Kanal unter der 83. Avenue. Aber vorsichtig sein, die Gangster sind auch dort."

„Wer sind Sie denn?" Doch er bekam keine Antwort mehr, der anonyme Anrufer hatte den Hörer bereits aufgelegt. Tom rannte die Stufen hinunter. Die Wagen waren startklar. Mit heulenden Sirenen sausten sie durch das Tor. Wenige Augenblicke später waren sie schon in der 83. Avenue.

Während Tom den Kanaldeckel der 83. hochhob, berieten Buck, Chers und Jim, wie sie Kommissar X in die ewigen Jagdgründe befördern sollten. Es wurde einstimmig beschlossen, dass Buck ihn sofort mit einem Messer umbringen sollte. Buck war einverstanden, er war der einzige, der auch vor einem Mord nicht zurückschreckte, deshalb hatte er auch den Beinamen „Buck the killer". Doch das störte ihn gar nicht. Er ließ sein Schnappmesser aufspringen und ging zu Kommissar X hinüber. Jo erhielt einen Tritt, der ihn sofort in die Wirklichkeit zurückrief. Er sah Buck und das Messer an. Er war gefesselt, keiner wusste, dass er hier war, oder doch, ja richtig, Parker ahnte es, aber er scheute die Öffentlichkeit. Rowland wollte zwar mit einer FBI-Hundertmannschaft anrücken, bis dahin war es dann aber schon zu spät, er war dann schon tot. Schweißperlen traten ihm auf die Stirne. Nicht, dass er das erste Mal in Todesgefahr schwebte, aber noch nie war seine Lage so aussichtslos gewesen wie diese.

Endlich ließ der Gangster sich vernehmen: „Na, Kommissar X, hättest auch nicht geglaubt, dass dieses Dein letzter Fall war. Wer hat Dich eigentlich beauftragt, das Gold herbeizuschaffen?"

„Direktor Blankets", erwiderte Kommissar X.

„Blankets, Blankets, dieser Hund, er hat Dich auf meine Fährte gehetzt." Diese Reaktion hatte Jo nicht erwartet. Er machte sich seine eigenen Gedanken darüber.

„Hast Du noch einen Wunsch?"

„Ja, 'ne Zigarette."

Er bekam eine. In diesem Moment zischte einer: „Ruhe, es kommen Leute. Hoffentlich sind sie nicht von der Polizei."

Tom und seine Leute gingen vorsichtig um die Ecke. Da hörte Tom Rowland, der Captain der I. Mordkommission, gerade noch „... von der Polizei!" Dann sah er den Zigarettenrauch durch das Schlüsselloch. Dann brüllte er: „Hier spricht Tom Rowland, Polizei!!! Gebt auf." Als Antwort hörte man das Knattern einer Maschinenpistole. Rowland zog seinen Dietrich und öffnete vorsichtig die Tür. Dann warf er sich zurück. Keine Sekunde zu früh! Schon krachte es drinnen. Nun ging eine Knallerei los, die man sonst nur im Wildwest-Film sieht. Chers war als erster dran. Er bäumte sich auf und war tot. Jim kam mit einem Kratzer davon. Drei Polizisten wurden verletzt, Buck entkam. Jim wurde bald darauf festgenommen und Chers in das Leichenschauhaus gebracht. Dann entdeckte man Kommissar X. Lachend schnitt Tom Jos Fesseln durch und erzählte ihm, wie er ihn so schnell gefunden hatte. Dann fuhren sie zusammen ins Center.

Im Center angekommen, unterhielten sich der Captain und Jo noch einmal eingehend über den Fall. Plötzlich meinte Kommissar X: „Irgendetwas stimmt da nicht, es muss noch eine uns unbekannte Person im Spiel sein, die den Plan entworfen und die Informationen den Gangstern irgendwie zugespielt hat. Ich meine, es existiert noch ein Mann im Hintergrund, der Drahtzieher ist, bestimmt der unbekannte Informationen-Überbringer." Wie recht Jo Lois Walker mit der Vermutung hatte, sollte sich bald zeigen.

„Vielleicht hast Du Recht", brummte der Captain, „wir wollen keine Möglichkeit außer Acht lassen, ich wäre dafür, wir verhören Jim mal."

„Okay, lass ihn mal holen, werden ihn mal auf den Zahn fühlen, können ihn ja mal wegen Beihilfe zum Mord kitzeln." Unterdessen drückte der Captain auf einen Knopf und verlangte seinen Sergeant. Als dieser erschien, bekam er den Auftrag, Jim herzubringen. Nach einigen Minuten erschien Jim.

„Ich sage nichts, bevor ich einen Rechtsanwalt habe", fuhr Jim gleich auf. Rowland gab dem Sergeant einen Wink, ihm die Handschellen abzumachen. Dann begann Rowland: „Weißt Du eigentlich, was auf Beihilfe steht?"

„Wieso, ich habe keinen ermordet und keinem geholfen", meinte Jim.

„So, wenn Du meinst, dass Dir das ein Richter abnimmt, dass Du Eric nicht geholfen hast, hast Du Dich getäuscht", schaltete sich Kommissar X ein. Das war zu viel für Jim. „Nein, ich habe keinem geholfen, auch Eric nicht, aber ich sehe ein, dass da kein Leugnen nützt. Also, ich beginne von vorne an. Eric, Chers und ich saßen in einer Kneipe, da kam Buck herein. Er wusste, dass wir knapp bei Kasse waren, deshalb machte er uns den Vorschlag, die Bank zu überfallen. Wir dachten, er habe zu viel gehoben, denn in der Bank stehen mindestens 100 Cops. Er aber sagte uns, dass er einen Boss habe, der alles regelt, wir müssten nur mit einem Wagen bereitstehen. Wir konnten ja nicht ahnen, als wir blindlings durch die Luft schossen, um die Kerle abzulenken, dass einer genau in Erics Kugel sauste."

„Und wer ist Euer Boss?", fragte Jo interessiert.

„Das weiß nur Buck." Danach wurde Jim abgeführt. Rowland und Jo setzten nun einen Steckbrief auf und gaben ihn an den FBI weiter, Interpol bekam ebenfalls einen Steckbrief von Buck. Rowland kurbelte eine riesige Fahndung nach Buck an. Doch er hatte wenig Hoffnung. Buck konnte eine Kiste Gold mitnehmen, das sind immerhin bei jedem Hehler 100.000 Dollar, und mit so viel Geld konnte man leicht untertauchen.

Buck war lange nicht so froh, wie der Captain es von ihm erwartet hätte, er saß nämlich seinem Boss mit der eiskalten Stimme gegenüber. „Ihr seid Tölpel, eigentlich müsste ich Dich jetzt kaltstellen, und ich warne Dich, ein einziger

Fehler noch und es ist aus, damit hätte ich gleich einen unliebsamen Zeugen beseitigt." Buck spürte, wie eine Gänsehaut über seinen Rücken lief. Dann gab er sich einen Stoß und fragte: „Wie steht es mit dem Geld, ich konnte eine Kiste retten."

„Eine Kiste ungeschmolzen bekommt man nicht mehr als 100.000 Dollar. Zehn Prozent waren abgemacht für jeden von Euch, Drei sind weg, Du bist ein Pfuscher, meinetwegen bekommst Du fünf Prozent in bar."

„5.000 Dollar, Mensch, damit komme ich ja knapp über die Grenze. Nein, mindestens 20.000 Dollar", fuhr Buck auf.

„10.000 Dollar und keinen Cent mehr", sagte der Mann mit der stählernen Stimme, die keinen Widerspruch zuließ, „ich lasse Dir 48 Stunden, wenn Du bis dahin New York nicht verlassen hast, verlässt Du es nie." Damit zahlte er dem Gangster die 10.000 Dollar aus und knallte hinter ihm die Tür ins Schloss. Er fühlte sich sicher – zu sicher. Er fühlte sich so sicher, dass er sogar vergaß, das Gold aus dem Haus zu schaffen. Denn er hatte nicht mit Kommissar X Kombinationsgabe gerechnet.

Buck blickte sich gehetzt um, kaum hatte er das Haus verlassen, sah er an einer Litfaßsäule sein Bild hängen mitsamt einer haargenau zutreffenden Beschreibung. Er musste sich maskieren, das stand fest. Er ging in den nächsten Frisierladen und fragte, wo man eine Perücke bekommen kann. Zufällig hatte der Mann eine da, er wollte sie aber nur für 500 Dollar verkaufen. Buck blieb keine Wahl, er kaufte sie mitsamt einem Vollbart und Zubehör, der auch noch einmal 500 Dollar kostete. Nun hatte er nur noch 9.000 Dollar. Sehr wenig Geld für jemanden, der untertauchen wollte. Beim Kaufen machte er aber zwei Fehler, die ihn das Leben kosten sollten. Denn erstens hatte er die 1.000 Dollar bezahlt, obwohl man dieselbe Ware für knapp 200 Dollar kaufen konnte und das tat nur jemand, der Dreck am Stecken hatte. Außerdem konnte der Mann die ganzen 10.000 Dollar sehen und das machte ihn auch stutzig. Nun, um es kurz zu machen, der Mann war helle und rief die Polizei an. Diese nahm den verdutzten Buck sofort fest.

So sehr Rowland und Kommissar X sich auch bemühten, aus dem Mann etwas herauszubekommen, er verriet seinen Boss nicht. Dann wurde er abgeführt. „Du, Tom, ich habe mir den Fall noch einmal durch den Kopf gehen lassen, es kommt überhaupt nur einer in Frage."

„Wer ist es denn?", fragte der Captain neugierig. Kommissar X erklärte es ihm. Den Namen, den er sagte, ließ Tom aufspringen und sofort 10 Polizisten anfordern.

Kommissar X raste mit seinem spinatgrünen SL mit 100 Meilen nach Manhattan, in der Hudson Street 134 hielt er mit kreischenden Bremsen. Ein Mann ließ ihn herein. „Es tut mir leid, Mister Blankets, Sie zu so später Stunde noch sprechen zu müssen, aber ich möchte Ihnen mitteilen, dass ich den Fall für beendet betrachte und möchte mich verabschieden, den Rest erledigt die Polizei für mich." Draußen quietschten Bremsen. Ein Mann erteilte Befehle. Nun wusste Blankets, was die Stunde geschlagen hatte. Blitzschnell hatte er seine Automatik in der Hand und schlug Kommissar X nieder. Wenn Blankets glaubte, Walker sei ohnmächtig, hatte er sich gewaltig getäuscht. Ein Cop stürzte ins Zimmer. Blankets Colt spuckte Feuer, der Polizist brach zusammen. Dann ging ein Tumult los, der die Bewohner sämtlicher umliegender Häuser aus ihren Betten riss. Kommissar X hatte sich unterdessen unmerklich aufgerichtet. Plötzlich zuckte seine Rechte vor, doch er verfehlte. Blankets war hart im Geben, aber noch härter im Nehmen, deshalb zuckte er mit keiner Wimper, als Jo seine Linke unter Blankets Kinn sausen ließ. Dafür musste Kommissar X einen Aufwärtshaken einstecken, den er so schnell nicht verdauen konnte. Rowland hatte sich unbemerkt ins Zimmer geschlichen, plötzlich drehte er das Licht an. Blankets schoss, doch er verfehlte, denn Kommissar X wurde gefühllos, er schoss seine Rechte vor, diesem Schlag konnte Blankets nicht widerstehen, er warf einen hasserfüllten Blick auf Jo, der sich seine Knöchel rieb, dann wurde er ohnmächtig. Nach einer Stunde fand er sich in Rowlands Büro wieder; gegenüber saß Jo Luis Walker, der New Yorker Privatdetektiv, dem er einen Auftrag ab, um zu tun, als ob er nichts damit zu schaffen hatte. Neben ihm waren die übrig gebliebenen Goldbarren, die man in seiner Wohnung gefunden hatte. Auch er hatte 2 Fehler gemacht, die ihn auf den Stuhl brachten: 1., dass er Kommissar X beauftragte, 2., dass er das Gold in der Wohnung versteckte.

Am 01.02.1952 war es soweit. Am Rand des Zuchthaussaales war ein elektrischer Stuhl aufgebaut. Auf ihm saß Mr. Roger Blankets. Noch einmal bäumte er sich auf, dann erloschen seine Lebensgeister. „Nun weißt Du, warum ich nur gegen Vorherbezahlung arbeite", raunte Kommissar X Rowland im Gehen ins Ohr. „Du verstehst es, aus allem Dein Kapital zu schlagen", meinte er achselzuckend, als sei wenige Minuten vorher gar nichts gewesen. ««

Anuschka Weyand Buchverlag

Weitere, im Anuschka-Weyand-Buchverlag erschienene Bücher:

- „Immer stärker" von Sunita S., ISBN 978-3-9814244-0-9, Preis 8,99 Euro, Print
- „Die Schnecke und der Gepard" von Anuschka Weyand, ISBN 978-3-9814244-1-6, Preis 9,90 Euro, Print
- „Die Schnecke und der Gepard" von Anuschka Weyand, ISBN 978-3-9814244-2-3, Preis 2,99 Euro, E-Book
- „The Slow and The Swift" von Anuschka Weyand, ISBN 978-3-9814244-4-7, Preis 2,68 Euro, E-Book in englischer Sprache
- „Immer schlanker vs. JoJo" von Anuschka Weyand & Dr. Hans-Peter Müller, ISBN 978-3-9814244-3-0, Preis 4,99 Euro, E-Book
- „kidz4kids 1.0", Kurzgeschichten junger Schreibtalente, ISBN 978-3-9814244-5-4 , Preis 7,95 Euro
- „kidz4kids 2.0", Kurzgeschichten junger Schreibtalente, ISBN 978-3-9814244-6-1 , Preis 9,95 Euro
- „kidz4kids 112", Brandheiße Geschichten von Feuerwehr-Kids, ISBN 978-3-9814244-7-8 , Preis 6,95 Euro

Weitere Infos unter www.anuschka-weyand-buchverlag.de

Mit freundlicher Unterstützung von:

kidz4kids 4.0

Für das vierte kidz4kids-Buch 4.0 wird bereits wieder fleißig gesammelt – von daher auch an dieser Stelle gerne der Aufruf: Kinder und Jugendliche zwischen 11 und 19 Jahren, ihr könnt Eure selbst geschriebenen Texte unter **info@kidz4kids.de** einreichen, das Genre ist frei wählbar. Der Verein korrigiert, lektoriert und verlegt – für Euch vollkommen kostenfrei!

NummergegenKummer.de

Das Kinder- und Jugendtelefon. Weiterhin auch erreichbar unter: **0800 - 111 0 333**